AF360440

L'IDÉE D'UN ROY

PARFAIT.

Dans laquelle on découvre la veritable Grandeur, avec les moyens de l'acquerir,

Suivis du sistême de l'esprit.

DEDIÉE AU ROY.

Par M. CHANSIERGES.

A PARIS AU PALAIS,
Chez GUILLAUME SAUGRAIN, Grand-
Salle, vis-à vis la Grand'Chambre,
à l'Ange Gardien.

M. DCC. XXIII,
Avec Approbation & Privilege du Roy.

AU ROY,

IRE,

Lorsque j'eus l'honneur de presenter à VÔTRE MAJESTÉ les Avantures de Néoptoleme, Vôtre auguste présence pénétra mon cœur ; un nouveau rayon de lumiere éclaira mon esprit,

à ij

EPITRE.

& je le sentis s'élever. Je fus tout à coup frapé de l'idée d'un Roi Parfait. Cette Idée me devint trop chere pour ne pas l'entretenir. J'allai bientôt dans la Province pour en joüir avec plus de tranquilité, & je ne trouvai rien de plus délicieux que de contempler les Vertus d'un Roi Parfait, lorsqu'on est fondé sur l'esperance d'en avoir un jour un semblable.

Dés que j'ai eu achevé le dernier trait qui forme mon Héros; je me suis hâté, SIRE, de venir l'offrir à VÔTRE MAJESTÉ. C'est un Roi qui tire sa plus grande gloire d'être né pour tous ses Sujets. Sa bonté

EPITRE.

le rend la plus parfaite image de
l'Etre suprême. C'est un Roi
éclairé de cette Sagesse qui aprend
aux Rois à regner. Loin de
s'enivrer de sa puissance, il tremble lorsqu'il considere le mauvais usage qu'il en peut faire.
C'est un Roi qui foule aux pieds
l'ambition & la molesse. Ennemi
de la flaterie, il connoît tout ce
qu'elle a de dangereux & de
méprisable, il prévient les sur-
prises les plus adroites dont usent
les flateurs, & il les déconcerte.

Si Vôtre Majesté l'ho-
nore de ses regards, elle verra un
Roi qui s'est fait une juste idée de
la veritable Grandeur, pour ne.
point se laisser éblouir à la vaine

ã iij

EPITRE.

gloire. Selon lui les actions des
hommes n'ont rien de grand, si
elles ne leur donnent quelque ressemblance avec la grandeur supré-
me; & rien ne peut leur donner
cette ressemblance que la vertu.
C'est ainsi qu'il croiroit que l'i-
dée de la Grandeur seroit fausse, si
elle ne tenoit elle-même du Grand.

Enfin, VÔTRE MAJESTE',
verra un Roi qui cherche tous les
moyens de nourrir son esprit de
ces hautes idées, & d'echauffer son
cœur de ces sentimens nobles &
généreux qui forment les vrais
Héros. Comme il découvre quelque espece de Grandeur dans les
talens de l'Esprit, il cultive avec
soin ceux qui peuvent le rendre

plus parfait : & connoiſſant que
les belles Lettres font fleurir les
Etats, & ajoûtent à la gloire
dés Princes, il n'oublie rien pour
faire regner le bon goût, qui doit
être fondé ſur le bon eſprit, ſans
lequel la beauté du vrai ne ſçauroit paroître.

Voilà, SIRE, juſqu'où j'ai
élevé mes idées ; mais je doute
encore ſi je ſerai parvenu juſqu'à
celles dont VÔTRE MAJESTÉ
s'occupe, lorſqu'elle témoigne un
puiſſant deſir de devenir un Roi
parfait. Pour vous, SIRE, la
Grandeur coule de ſource. Iſſu de
tant de Rois auguſtes que vous re-
preſentés, qui revivent en vous,
& dont vous allés faire revivre

EPITRE.

les vertus, le Grand ne peut que
vous être naturel. Vous ne sçau--
riés lui manquer, soûtenu par les
exemples du Prince dont la prudence nous a fait joüir d'une Mi-
norité tranquile qui nous assure
une Majorité heureuse ; & for-
tifié par une sage éducation, où
l'art & la nature se sont si bien
prêtés l'un à l'autre, qu'ils nous
font également admirer & l'E-
leve & les Maîtres. Je ne loüe-
rai point ici ces hommes illustres,
ces génies choisis, qui ont formé
vôtre cœur & vôtre esprit ; les
loüanges qu'on donne si justement
à Vôtre Majeste' font leurs
éloges ; & lorsqu'ils entendent
qu'on vous loüe, la modestie sied
bien sur leurs visages.

EPITRE.

Croiſſés, SIRE, tous les jours en vertus; faites le bonheur de vos peuples, comme vous en faites déja depuis long-temps l'amour & l'eſperance; & que nos Néveux puiſſent dire, que c'eſt vous-même que j'ai dépeint dans l'Idée d'un Roi parfait. Ce ſont les vœux de celui qui eſt avec le zéle le plus ardent & le plus profond reſpect,

SIRE,

De Vôtre Majeste',

Le tres-humble, tres-obéiſſant,
& tres fidele Serviteur & Sujet,
CHANSIERGES.

debiter par tout nôtre Royaume pendant le
tems de trois années confécutives, à compter du jour de la date defdites Préfentes ;
Fa fons défenfes à tous Libraires, Imprimeurs
& autres perfonnes de quelque qualité &
condition qu'ellesfoient d'en introduire d'impreffion étrangere dans aucun lieu de notre
obéiffance ; à la charge que ces Prefentes feront enregiftrées tout au long fur le Regiftre
de la Communauté des Imprimeurs & Libraires de Paris , & ce dans trois mois de la date
d'icelles; que l'impreffion de ce Livrefera faite
dans notre Royaume & non ailleurs en bon pa-
dire; & en beaux caracteres, conformémét aux
Reglemens de la Librairie ; & qu'avant que
de l'expofer en vente , le Manufcrit ou Im-
primé qui aura fervi de copie à l'impreffion
dudit Livre , fera remis dans le même état où
l'Aprobation y aura été donnée és mains de
notre tres cher & feal Chevalier, Garde des
Sceaux de France le Sieur Fleuriau d'Armenonville , & qu'il en fera enfuite remis deux
exemplaires dans notre Biblioteque publique,
un dans celle de notre Château du Louvre, &
un dans celle de notredit tres-cher & feal Chevalier, Garde des Sceaux de France le Sieur
Fleuriau d'Armenonville , le tout à peine de
nullité des Prefentes : Du contenu defquelles
Vous Mandons & enjoignons de faire joüir
l'Expofant ou fes ayans caufe, pleinement &
paifiblement , fans fouffrir qu'il leur foit fait
aucun trouble ou empêchements : Voulons
qu'à la Copie defdites Prefentes qui fera im-

primée tout au long au commencement ou à la
fin dudit Livre, foy foit ajoûtée comme à l'O-
riginal Commandons au premier notre Huiffier
ou Sergent, de faire pour l'execution d'icelles
tous actes requis & neceffaires, fans demander autre Permiffion, & nonobftant Clameur
de Haro, Charte Normande & Lettres à ce
contraires ; CAR tel eft notre plaifir. DONNÉ
à Paris le 27. Novembre, l'an de grace 1712.
& de notre Regne le huitiéme. Par le Roy
en fon Confeil. CARPOT.

*Regiftré fur le Regiftre V. de la Communaué
des Imprimeurs & Librai es de Par s, page
257. n. 389. conformement aux Reglemens, &
notammert à l'Arreft du Confeil du 13. Aouft
1703. A Paris le 3. Décembre 1722.*
BALLARD, *Syndic.*

L'IDE'E

L'IDÉE

D'UN

ROI PARFAIT,

Dans laquelle on découvre la véritable Grandeur avec les moyens de l'acquerir.

Nos erreurs ne viennent que des fausses idées que nous avons des objets ; & les affections

A

injuftes de notre cœur, ne
font bien fouvent que des
fuites naturelles de ces fauffes idées qui fe font préfen-
tées vivement à nous. Nous
ne fçaurions donc apporter
trop de foin à nous former
des idées vrayes ; non feulement pour ne point nous
tromper dans les jugemens
que nous faifons des chofes ;
mais encore pour ne don-
ner notre affection qu'aux
feuls objets qui en font dignes.

Puifqu'une vive idée peut
produire en nous de vifs fentimens ; combien nous im-
porte-t-il de nous faire une

idée également juste & vive
de la vertu ? Comme elle ne
brille jamais ailleurs avec tant
d'éclat que dans la perfonne
des Rois ; que c'eft là qu'elle
nous perfuade, qu'elle nous
touche avec plus de force,
& qu'elle nous donne le
fpectacle le plus digne de
notre admiration ; c'eft l'i-
dée d'un Roi parfait que je
me propofe de donner dans
cet Ouvrage. Je le montrerai
plein de bonté & de fageffe,
énemi de la flaterie, pénetré
d'horreur pour le vice, fe
faifant une jufte idée de la
veritable grandeur ; & n'oubliant rien de tout ce qui

A ij

4

peut le porter au Grand.
Mais comme la Bonté me
paroît devoir essentielle-
ment former son caractere;
je vais commencer par tra-
cer ici l'idée d'un bon Roi
la plus juste qu'il me sera
possible.

L'IDE'E
D'UN
BON ROI.

DE toutes les vertus la Bonté est peut-être celle qui est aujourd'huy la moins connuë. On la regardeordinairement comme l'effet d'un temperament mou, & qui tire à l'indolence; d'une humeur un peu fade, d'une ame foible, d'un esprit sans vigueur, & qui se laisse gagner aisément. De cette forte la Bonté seroit indigne

d'un grand Roi ; ne crai-
gnons point de le dire, elle
meriteroit tout notre mé-
pris.

Mais gardons-nous de don-
ner le nom de Bonté à des défauts, ou même à des vices.
Ce nom n'eſt reſervé que
pour la plus aimable de toutes les vertus. Il eſt vrai que
dés qu'on la nomme, on
n'apperçoit pas d'abord tout
ce qu'elle a d'éclatant ; mais
il eſt une beauté qui a je ne
ſçais quoi de ſimple, d'interieur & de profond : il faut
la méditer pour la ſentir &
pour la goûter ; plus on
l'examine, plus on lui dé-

couvre de perfections : plus
on a le difcernement droit
& les fentimens exquis , plus
. cette beauté fe développe
& fe fait connoiftre. Tels
font les plus fimples ouvrages de la nature , tel eft
Dieu même , telle eft la
Bonté dont je vais décrire
le caractere.

La Bonté eft une inclina-
tion de nôtre cœur , laquelle nous porte à nous rendre
utiles aux hommes, en nous
prêtant à toutes les vertus
dont ils peuvent retirer
quelque legitime avantage.
Son caractere eft de fe donner & de fe répandre ; mais

elle est toûjours éclairée &
pleine de force : elle est toûjours prête à se refuser à nos
desirs, lorsque ce n'est pas
la vertu qui la sollicite.

Si nous voulons mainte-
nant découvrir la raison
pourquoi le vulgaire s'est
fait une idée de la Bonté si
peu digne d'un grand Roi,
nous verrons que c'est parce qu'il la considere non
accompagnée de quelque
vertu, mais de quelque défaut, ou de quelque vice.
Pour nous nous dirons qu'a-
lors ce n'est plus bonté, c'est
indolence, c'est foiblesse,
c'est lâcheté, c'est crime mê-

me quelque fois. Ainſi ſouf-
frir l'injuſtice n'eſt pas être
bon, c'eſt être trés-méchant
au contraire ; laiſſer le crime
impuni, c'eſt le permettre ;
& le permettre, & l'autori-
ſer, c'eſt preſque la même
choſe. Tolerer les abus ſans
y être contraint par la né-
ceſſité, c'eſt indolence ; ac-
corder lorſqu'on doit refu-
ſer, n'eſt pas bonté, c'eſt
foibleſſe. Un Roi qui auroit
un de ces derniers défauts,
ne pourroit prétendre tout
au plus qu'au titre de dé-
bonnaire, que le peuple con-
fond avec celui de bon Roi ;
mais qui different preſque

autant l'un de l'autre, que le vice differe de la vertu.

Un bon Roi est persuadé de ces paroles : *que c'est un grand mal que de vivre sous l'empire d'un Roy, sous qui rien n'est permis ; mais que ce n'en est pas un moindre, que de vivre sous un Roi qui permet tout.* Ainsi il sçait que poursuivre par tout l'iniquité, être inflexible aux sollicitations les plus importunes & les plus adroites des méchans, veiller sans cesse pour détruire le mal, marcher avec fermeté dans les voyes de la Justice ; c'est être veritablement bon ; puisque c'est exercer une des plus grandes vertus pour l'avantage des hommes.

Ce n'eſt pas qu'un bon Roi ne goûte bien plus de ſatisfactions à ſe conformer aux deſirs de ſes ſujets, lorſque la vertu le lui permet. Qu'il lui eſt doux alors de faire éclater ſa bonté, de ſuivre l'inclination des autres, la ſienne propre & la vertu tout enſemble ! Comme les hommes ſont ſenſibles à tout ce qui les flate, ils ne peuvent qu'être vivement touchez de cette Bonté qui les prévient, ou qui s'offre à leurs deſirs. Elle ravit tous les cœurs;

tous font prêts à s'immoler pour elle.

Mais lorfqu'un bon Roi ne feconde pas nos vœux, lorfqu'il nous punit ou qu'il nous refufe ; nous devons être affurés que fa Juftice ne lui permet pas d'ufer de fa clemence. En un mot, nous devons penfer qu'il eft en quelque forte comme Dieu, qui ne ceffe d'être bon lors même qu'il exerce fa juftice. Quoique faffe le roi que nous reprefentons ici, on remarque toûjours fa bonté dans toutes fes actions ; comme on reconnoît la bonté de Dieu dans tous fes ouvrages, quoiqu'ils nous faſſent admirer quelqu'autre de ſes perfections. Les beautez de l'univers anoncent ſa magnificence ; ces loix generales & ſouveraines qui tempe-rent le violence des élémens, & qui reglent avec un ordre merveilleux toute la machi-ne du monde , prononcent ſa divine ſageſſe ; lorſque nous réflechiſſons que d'une ſeule parole il tira toutes choſes du néant, nous ſom-mes comme éffrayez de ſa toute puiſſance; il nous mon-tre ſa juſtice par la profon-deur de ſes jugemens ; mais ſa bonté ſe fait reconnoître dans toutes ces choſes.

La Bonté peut-elle être
une foiblesse comme le vulgaire se l'imagine ? peut-elle
avoir quelque chose de défectueux, si Dieu est la Bonté
même comme on n'en peut
douter ? ne dirons-nous pas
plûtôt, qu'aucune vertu ne
raproche plus l'homme de
son Dieu. Quelle vertu peut
élever un Roy au dessus de
ces idées ? de quel titre peut-
il être plus jaloux que de celui de bon Roi ? Titre glorieux, titre si convenable à
ceux que le Seigneur a re-
vêtu de force & de puissance, puissiez vous faire l'ambition de tous les Rois de la

terre ; puissiez vous leur faire comprendre, que c'est par
leur bonté qu'ils se rendront
les plus parfaites images du
souverain Estre.

Cette verité entre naturellement dans l'esprit de
l'homme. Les Payens la re-
connurent d'abord : ils donnerent à Jupiter le * titre
de trés-bon, avant que de
lui donner celui de trés-
grand. L'Orateur Romain en
raporte la raison : * *c'est dit-
il , parce qu'il est plus glorieux
de faire du bien aux hommes,
que d'avoir une grande puissan-*

* *Jupiter optimus maximus.*
* *Cic. de nat. deor. l. 2.*

ce. Qu'on éleve tant qu'on voudra les autres vertus : outre que celle-cy les suppose toutes, elle est la maîtresse des cœurs ; elle ravit tout à la fois les grands & les peuples ; elle a un charme divin auquel on ne peut resister. Le nom ambitieux de conquerant, laisse dans l'esprit une idée confuse des troubles, des injustices, & de tous les autres maux qu'entraînent toûjours les longues & cruelles guerres inseparables des conquêtes. Le nom de bon Roi renferme je ne sçais quoi de doux, d'aimable, & rapelle une idée flatteuse flateufe de tout ce qu'on a oui dire que la paix a de plus charmant ; comme de l'Equité , de la Concorde, de la Tranquilité , de l'Abondance , &c.

Et l'on ne fe trompe point ; car quels biens un bon Roi ne procure-t-il pas à fon Royaume ? tous fes foins ne tendent qu'à rendre fes fujets heureux ; qu'à prévenir tout ce qui pourroit troubler leur repos. Sous un regne fi doux on ne voit point de miferables, on n'entend point les gémiffemens des pauvres; ils font trop chers au bon Roi , fes foins ont pourvû

B

à leur subsistance. Une cha-
rité ingenieuse luy fait découvrir les moyens de répa-
rer les pertes de ceux que
des coups imprévûs, ou de
longues infortunes ont jetté
dans des malheurs qu'ils ne
meritoient pas. Il suffit d'être
malheureux & d'être inno-
cent, pour éprouver les effets les plus tendres & les
plus éclatans de sa bonté.
Il dispense ses bienfaits avec
tant de choix & de sagesse ;
il est si attentif à observer le
merite, qu'il ne le laisse jamais
sans recompense. Pour la justice il la fait regner souve-
rainement : celui qui l'im-

plore est toûjours sûr de
l'obtenir. Il fait une guerre
implacable à l'iniquité ; mais
sur tout, un ordre admirable, source de tout bien
regne dans ses états. Il a
toûjours les yeux ouverts,
pour ne rien laisser à la frau-
de, aux abus, aux violen-
ces, aux concussions. A leur
place on voit la bonne Foy,
la solide Pieté, la douce U-
nion, qui semblent se donner la main, pour chasser le
Vice, qui tout honteux est
contraint de s'enfuir & de
disparoître.

Qu'il y a du plaisir à se
representer tous les biens

qu'un bon Roi fait naître
dans son Royaume. Voyez
ces villes florissantes, ce commerce qui leur aporte les
richesses de toutes les nations : ces célebres académies, établies pour découvrir
ce que l'art & la nature peuvent fournir de plus utile
ou de plus agréable aux hommes : ces écoles de vertu,
où l'on instruit gratuite-
ment la jeunesse. Voyez ces
édifices publics , ces riches
manufactures , ces canaux,
ces fontaines ; rien ne manque de tout ce qui peut contribuer à la commodité, à
la sureté , & à la tranquilité publique.

Les campagnes qui pro-
duifent les veritables richeffes, ne nous font pas moins
admirer la bonté du Prince.
Ici vous trouverez des rivie-
res dont on a détourné le
cours, pour leur faire arrofer
des pays auparavant inferti-
les : elles vont porter l'abondance dans tous les lieux où
elles portent leurs eaux. Là
de puiffantes digues arrêtent
l'impetuofité de leurs cours.
Ici on a joint par des tra-
vaux immenfes, les mers
que de vaftes provinces fe-
parent. En cet endroit les
bois les plus épais, retraites
des brigands, font changés en

riantes prairies ; en cet autre on ouvre des chemins fpacieux , pour la commodité & la fureté des voyageurs.

N'avons-nous pas eu raifon de dire qu'un bon Roi fait éclater par tout fa bonté: tout parle d'elle ; tout l'annonce, tout la montre à nos yeux. Grand Dieu ! difent les peuples qui vivent fous un fi bon Roi ; confervez le Prince qui regne fur nous : diminuez nos jours pour augmenter les fiens; qu'il reffente la joye qu'il fait goûter à fes fujets.

Un feul fait la félicité de tant de millions d'hommes..

Est ce un Dieu qui est venu
sur la terre pour rendre ces
peuples heureux ? nous le
dirions sans doute, comme
l'ont dit toutes les nations
qui n'avoient point la connoissance du vray Dieu. C'est
ainsi que les Egyptiens, ce
peuple d'ailleurs si sage & si
éclairé, adoroient leurs bons
Rois, dés que la mort les
leur avoit enlevez. Ils les
mettoient au rang des Dieux,
estimant que la marque la
plus sensible de la divinité,
étoit de faire le bonheur du
genre humain. Jupiter, Ne-
ptune, Mercure, & plu-
sieurs autres Dieux qu'ont

adoré les Payens , ne furent
autres que de bons Rois,
qui avoient rendu leurs sujets heureux.

Un respect, une venera-
tion religieuse, a toûjours
consacré parmi toute les nations , les noms de tous les
bons rois. Ne ressentons-nous
pas encore aujourd'hui aprés
tant de siecles , je ne sçais
quel plaisir qu'accompagne
toûjours une douce idée de
la vertu ; lorsque nous pro-
nonçons les noms de Séso-
stris , de Codrus, de Titus,
de Trajan ; & mieux encore
ceux de Charlemagne & de
Saint Loüis.

Tous ces bons Rois ne s'oc-
cupoient qu'à faire le bonheur de leurs sujets ; parce
qu'ils se regardoient comme
les peres du peuple ; & qu'ils
estimoient qu'un Roi ne
sçauroit porter un titre plus
glorieux. Ils étoient persua-
dez que le devoir le plus
essentiel d'un Roi, étoit d'ê-
tre le pere des peuples, comme c'est l'essentiel devoir
d'un Juge d'être équitable ;
d'un Soldat d'être brave, &
d'un pere d'avoir soin de sa
famille. Et cela est si vrai ;
qu'on ne juge presque des
Rois que par la maniere dont
ils ont gouverné leurs sujets.

C

Un bon Roi regarde son royaume comme une seule famille dont il est le chef; ses sujets sont ses enfans qui doivent le respecter & lui obeïr par le double titre de Roi & de pere.

Cette idée est ancienne dans le monde. La nature l'a souvent adoptée , même parmi les hommes les plus corrompus ; & l'on a vû que les Empereurs Romains les plus méchans , & qui sembloient avoir renoncé à tous sentimens naturels , ont été néanmoins jaloux du titre de Pere du peuple ; ne pouvant s'empêcher de reconnoître qu'il étoit essentiel à leur dignité.. C'est que comme les Rois doivent être les plus parfaites images de Dieu sur la terre ; on ne voit reluire en eux les raïons les plus sensibles de la divinité, qu'autant qu'ils sont les Peres de leurs sujets, en quelque sorte comme Dieu est le Pere de tous les hommes, qui les nourrit, qui les protege, qui veille sur eux. Voilà donc le titre de Pere du peuple capable de contenter une ame remplie de la plus noble ambition ; puisque celui qui est digne de le posseder, se rend l'imitateur du souverain Estre.

Après ce que nous venons de dire, il est aisé de voir que les interêts d'un bon Roi & ceux de ses sujets sont non seulement inseparables, mais qu'ils sont les mêmes. Le pere avec les enfans sont trop étroitement unis ensemble pour diviser leurs interêts. Un Roi qui separe ses interêts d'avec ceux de ses sujets n'agit pas en Roi, il devient en ce point un simple particulier ; puisqu'il a ses interêts privez , tout ainsi qu'un simple sujet : Il se considere alors comme s'il étoit separé de ses peuples : c'est un Chef qui ne se regarde point comme uni avec les autres membres, & qui ne concourt pas à entretenir avec eux une parfaite harmonie.

Mais ne perdons pas de vûe notre bon Roi, & prenons plaisir à le considerer dans le détail, donnant des marques les plus tendres & les plus sensibles de sa bonté à tous ceux qui s'en sont rendus dignes. Il honore de son affection toutes les personnes utiles à l'Etat ; il les comble de biens & de gloire, selon le degré de vertu où ils se sont élevez. Son plus doux plaisir est de cher-

cher , eſt de déterrer le merite. Mais ſur tout il a une
bonté de Pere , & digne du
meilleur de tous les Rois,
pour ceux que leur emploi
attache auprès de ſa perſonne. C'eſt à eux qu'il ſe montre dépoüillé de cet éclat qui
l'environne lorſqu'il paroît
en public ; ici on ne voit que
le roi , là on voit le roi &
l'homme tout enſemble. En
public on découvre à travers
la majeſté & la grandeur qui
l'environne une bonté hé-
roique ; dans le particulier
il ſe ſoulage du poids de cette
grandeur où l'homme étoit
caché , & ſe raprochant de

nous, on voit une bonté
d'autant plus touchante,
qu'il semble que c'est l'affection seule qui l'a fait naître.

S'il a une grande bonté
pour ceux qui sont auprés
de sa personne ; on peut dire
qu'il a une tendresse toute
particuliere pour ceux qui
ont eu le soin d'élever son
enfance. Il en conserve toûjours un doux souvenir. Il
sçait qu'ils ont versé dans
son ame les plus utiles instructions, & qu'il leur doit
peut-être toutes ses vertus.

Si nous avons naturelle-
ment de la tendresse pour

celles qui nous ont alaitez;
quelle affection, & quelle
reconnoiſſance un bon roi
n'a-t-il pas pour ceux qui
ont nourri ſon eſprit de la
ſageſſe & de la pieté? tandis
qu'il aime la vertu avec tant
de goût, pourroit il ne pas
aimer ceux qui lui en ont
fait voir les beautez?

Enfin il chérit tous ceux
qui ſont vertueux. Il ſuffit
de porter ce divin caractere,
pour recevoir de lui les plus
vives marques de ſon affection. Mais comme un autre
Titus, il donne à tous ceux
qui l'aprochent des marques
de ſa bonté; & c'eſt l'avan-

tage qu'a la bonté sur tant d'autres vertus : Une parole, un geste, un regard , suffisent souvent à un Prince, pour faire paroître sa bonté avec tout ce qu'elle a de plus aimable & de plus atrayant. Il faut des occasions, des situations favorables pour pratiquer certaines vertus : on peut donner des marques de la bonté à toute heure. Il n'est pas necessaire qu'un bon roi fasse toûjours tomber de ses mains les graces & les bienfaits ; si cela étoit, la bonté d'un roi seroit limitée avec son pouvoir, qui quelque étendu qu'il soit, a

pourtant ſes limites ; & la
bonté n'a point d'autres bornes que celles de la vertu.
C'eſt un fond inépuiſable
qu'il porte ſans ceſſe avec lui,
& qui fait la joye de ſes ſujets. Car qui eſt celui qui ne
ſera penetré d'une parole o-
bligeante ſortie de la bouche
de ſon Prince ? quel eſt le
courtiſan qui ne ſe ſentira
tout à coup comme enyvré
d'une joye qui flatera ſes plus
ambitieux deſirs; ſi ſon prince lui donne les plus tendres
marques de ſa bonté. Quels
ſont les Generaux d'armées
qui ne s'eſtiment heureux
aprés avoir remporté quel-

que victoire, de venir recevoir des aplaudiſſemens & des careſſes de leur maître. Quoiqu'il les comble d'ailleurs de bienfaits, ils feront toûjours auſſi fenſibles aux démonſtrations qu'aux temoignages de ſa bonté, s'ils ont de l'amour pour la gloire.

Un bon roi eſt donc bien éloigné de prendre un air de fierté dès qu'il paroît devant ſes ſujets. La fierté eſt la marque certaine d'un homme inferieur à ſa dignité : & un bon roi a l'ame plus grande que tout ce qu'il y dans l'univers. Superieur à sa dignité, il en fait le plus digne usage, & l'asservit à ses vertus. Ainsi il n'a garde d'être fier devant ses bons sujets; il n'a de fierté que devant ses ennemis, où elle sied bien quelquefois. Son visage est plein de majesté; mais c'est une majesté douce qui attire les cœurs. Tout est grand, tout est auguste dans sa personne; mais des rayons de bonté qui partent de ses yeux, tempèrent ce haut éclat, & inspirent la plus douce confiance.

S'il se montre ce ne sont que transports & aclamations. Il n'a qu'à paroître pour répandre la joye de toutes parts. Les poëtes ont feint que les seuls regards de Jupiter calmoient les tempêtes, & dissipoient les nuages. Ce qu'ils ont dit dans le fabuleux de leur fausse divinité, nous pouvons le dire dans le vrai d'un bon roi : peut-être même ont-ils voulu par là nous en donner une figure. Sa seule présence suffit pour calmer les orages & les tempêtes qui pourroient s'élever parmi ses peuples : elle rend par tout la sérénité. Estes-vous abatu d'ennui ou de tristesse ? ve-

nez voir votre bon roi,
* *son visage vous rendra la vie douce & agréable ; ses regards dissiperont toutes vos peines.*

C'est pourquoi il se montre souvent à ses peuples ; il excite dans leurs cœurs tout ce qu'ont de plus vif & de plus tendre le respect & l'amour. Je n'y ajoûte point la crainte ; si ce n'est celle qui acompagne toûjours le respect ; parce qu'un bon roi ne se fait craindre que des méchans par ses justes loix, & de ses ennemis par sa va-

* *In hilaritate vultus regis, vita.* Prov.

Rex dissipat omne malum intuitu Id.

leur & par fa prudence. Que
pourroit faire la crainte
dans de bons fujets , que
l'amour & le refpect ne faf-
fent mieux encore ? la crainte répand je ne fçai quoi de
défectueux dans tout ce qu'-
on fait. Ainfi un bon roi n'infpire point d'autre crainte à
fes bons fujets, que la crainte
de le perdre, ou de lui dé-
plaire.

Que s'il paroît difficile d'a-
teindre à ce bon roi dont je
trace ici l'image ; fi l'on croit
qu'on ne peut remplir ce
caractere qu'en fuivant mille
maximes differentes , dont
il faut que l'efprit fe foit

nourri durant long-temps :
j'avancerai ici qu'il n'y a qu'à
fuivre une feule maxime
très-fimple, qui fait en peu
de mots le caractere d'un bon
roi.   Et c'eft celle qui dit,
qu'un roi doit fe regarder
comme * *l'homme de fon peu-*
ple. C'eft-à-dire ; qu'il doit
regner comme s'il étoit né
pour tous ces fujets. Car de
même que les mauvais rois
ne font tels , que parce qu'ils
croyent que leurs fujets ne
font faits que pour eux : ainfi
par un fentiment contraire,
les bons rois ne font tels,

* *Paroles de feu Monfeigneur le*
Dauphin.

que

que parce qu'ils croyent ê-
tre nez pour tous leurs fujets.

Rien ne peut donner une
idée plus noble, plus fublime, ni plus précife d'un bon
roi ; ce fentiment feul eft capable d'élever l'efprit, & de
le remplir de je ne fçais quelle nobleffe. Eftre né pour
tous fes fujets : Quelle grandeur, quel prix, quelle de-
ftinée ! Eft-il rien de plus
grand qu'un homme feul ,
né pour tant de millions
d'hommes? néanmoins cette
penfée loin de l'enorgüeil-
lir , ne lui prefente de tous
cotés que des devoirs à rem-

plir ; que de grands desseins
à executer ; que de vertus à
acquerir. Valeur, modera-
tion, liberalité, justice, assi-
duité ; toutes les vertus, s'appellent, se demandent ; & agis-
sent toutes de concert, pour
former un caractere si relevé.

Heureux le roi qui conçoit
vivement ce que nous ve-
nons de dire ici. De si nobles idées ne peuvent s'offrir
à son esprit, qu'il ne ressente
aussi-tôt un genereux desir
de devenir un bon roi. Désirer d'être un bon roi , c'est
avoir du penchant & de la
disposition à le devenir.
Mais malheur à ce roi qui

bien loin de cultiver cette disposition n'écoute bientôt que sa passion, ou la flaterie plus dangereuse encore.

Jusqu'ici j'ai tachè de mettre pour ainsi dire sous les yeux, le bonheur des peuples qui vivent sous un bon roi. Il nous faut maintenant faire voir de même le bonheur qu'un bon roi se procure ; car s'il ne peut que rendre ses sujets heureux, il ne peut aussi qu'être heureux lui même.

A ce mot de roi heureux, le commun des hommes ne s'imagine autre chose qu'un roi puissant & absolu, qui

possede de grands états , &
qui les augmente encore
tous les jours par de signa-
lées conquêtes ; un roi dont
les hautes entreprises, n'ont
que de favorables succez ;
un roi enfin qui livre ses
sens à toutes sortes de plaisirs. Mais élevons - nous au-
dessus de ce sentiment vulgaire , & faisons juger des
plaisirs notre esprit , &
non nos sens qui nous se-
duisent presque toûjours.

Les plaisirs qui ne sont ni
purs ni durables , & qui ne
dependent pas de nous ; mais
de certaines circonstances
difficiles à rassembler ; sont

fans doute des plaifirs qui n'ont rien de folide, rien qui puiffe fatisfaire un goût je ne dis pas délicat, mais feulement raifonable. Or il n'eft point de plaifirs moins purs, ni moins durables ; & dont il foit plus difficile de jouïr, que de ceux qui dépendent des richeffes, des victoires, des heureux évenemens ; ou d'une certaine fituation de notre ame, hors de laquelle nous demeurons infenfibles aux amorces des voluptez les plus recherchées. Si les grandes richeffes qu'un roi aura amaffées avec tant de

soins & de peines viennent à
se dissiper ; si la victoire qu'il
croyoit avoir attachée à son
char se dérobe à lui ; si la fortune par un trait de son inconstance se joüe de ses desseins, autant qu'elle leur avoit
été favorable, si la santé dont
il jouit ; ce bien si précieux,
mais en même temps si facile
à perdre vient à s'alterer ;
voilà les plaisirs qui se refu-
sent à lui ? A leur place suc-
cedent la tristesse qui seche
son cœur, les chagrins secrets
qui le rongent ; les sombres
& tristes reflexions, qui lui
donnent de l'indifference, ou
même du dégout pour tout

ce qui lui paroiſſoit jadis a-
voir de l'agrément. Enfin il
ne connoît point le plaiſir ſi
doux d'être conſolé par le
tendre ſentiment qu'un homme de bien a de ſa vertu.

Il n'en eſt pas ainſi d'un
bon roi ; il ſe ménage des
plaiſirs dont il peut joüir en
tout temps, à tout âge, dans
quelque ſituation qu'il ſe
trouve ; & ce ſont les plaiſirs qu'il reſſent à aimer ſes
ſujets, & à leur faire du bien.

La bienſéance demande
que les hommes ayent des
plaiſirs convenables à leurs
differentes conditions. Les
plaiſirs de ceux qui ſont

d'une condition honnête , different beaucoup des plaifirs des hommes ruftiques & du bas peuple. Les Princes & les Grands, doivent avoir des plaifirs plus exquis & plus délicats que les premiers ; il faut qu'ils en prennent qui conviennent à leur naiffance Mais quels feront les plaifirs des rois ; on voit bien qu'ils doivent leur convenir : car quelle idée auroit on d'un roi, qui par un renverfement étrange , peu fenfible aux plaifirs affortis à fon rang fuprême, ne rechercheroit que ceux qui conviennent aux hommes de la plus

plus baſſe condition. Or il
ne peut en trouver qui lui
ſoient plus convenables, que
ceux qu'il goûtera à travailler pour le bonheur du genre humain. C'eſt vraïment
un plaiſir de roi que de faire
des heureux. Ce plaiſir a toûjours touché les belles ames :
tous les autres leur ont paru
fades, ils n'ont pû les regarder tout au plus que comme
des amuſemens.

Mais quoi, dira-t-on peut-
être, eſt-ce-là dans le fonds
pour un roi un plaiſir ſi doux
& ſi raviſſant ? Je ſçais que
ceux que le vice a corrompus ne le connoiſſent point

ce plaisir, ils ne peuvent pas même le comprendre. Vous le compreniez bien ô Titus, l'amour & les délices du genre humain, ce plaisir pour vous si plein de charmes ! Apprenez à tous les rois de la terre, qu'il n'en est point de plus touchant. Une seule parole sortie de votre bouche nous le prouve assez. Ecoutons cet Empereur si cher à l'univers : *j'ay perdu cette journée*, dit-il à ses amis. On croiroit sans doute à ces mots, qu'il avoit manqué quelque coup important, ou qu'il n'avoit eu de toute cette journée aucune occupation

ſerieuſe . Vous l'allez apprendre; il a laiſsé paſſer ce
jour ſans faire du bien à perſonne. C'eſt un jour de perdu pour lui, comme ſi le jour
ne lui ſervoit uniquement
qu'à faire du bien aux hommes. De ſorte que s'il eût été
contraint de paſſer ainſi le
reſte de ſa vie ; il auroit re-
gardé tout ce temps comme
un temps perdu. La vie lui auroit paru inutile & ennuyeu-
ſe, s'il n'eût compté ſes jours
par ſes bienfaits. Il eſt donc
aiſé de voir qu'il trouvoit
un plaiſir indicible à faire du
bien ; & que tous les autres
plaiſirs lui paroiſſoient inſi-

pides fans celui-là : puifqu'il n'en trouvoit point qui pût remplacer celui qu'il goûtoit à faire des heureux.

Mais me dira-t-on encore : fi c'eft un plaifir fi doux pour un roi que de rendre fes fujets heureux; d'où vient qu'on en voit fi peu qui s'empref- fent d'en joüir ? C'eft qu'il en eft peu qui confervent un beau naturel, au milieu des fauffes grandeurs & des flat- teries ; & que la vertu des rois qui fait la félicité de leurs fujets, eft exposée à de plus grands perils que celle des autres hommes. Qu'il leur eft difficile de ne pas rap-

porter tout à eux, lorſqu'ils
ſe voyent élevez au deſſus du
reſte des hommes qui leur
rapportent toutes choſes ?
Tout ſemble être de concert
pour corrompre leurs plus
belles inclinations. Ainſi
nous pouvons dire qu'un roi
qui conſerve la pureté de ſa
vertu au milieu de tant de
dangers & de tant d'ennemis
qui l'attaquent, eſt l'ouvrage le plus parfait de la nature & de la grace.

Aureſte qu'on ne croye
pas qu'un bon roi ne puiſſe
être ni ſi puiſſant, ni ſi abſo-
lu que celui qui regne par la
force. Je conviendrai ſi l'on

veut, que celui-ci peut tirer
de ses sujets des sommes immenses, & leur imposer le
joug le plus pesant ; mais celui qui regne par l'amour, a
des sujets qui n'attendent pas
même qu'il demande ; leur
amour prévient toûjours ses
besoins ; & ils sont prêts à
porter leurs biens au pied du
trône de leur bon roi, lors
qu'ils y portent leurs cœurs.
D'ailleurs la force ne peut
s'exercer que parmi les plain-
tes, les troubles, les allarmes,
& ne fait que des malheu-
reux ; au lieu que l'amour est
toûjours accompagné de la
joye & des plaisirs, & ne fait

que des heureux. La force a
beſoin de chaînes de fer pour
lier ceux qu'elle veut retenir;
encore peuvent-elles être bri-
ſées. L'amour n'a que de douces chaînes, & rien n'eſt capables de les rompre; en un
mot la force peut être vain-
cuë; mais rien ne peut vaincre l'amour.

Celui qui ne regne que par
la force, a des ſujets qui lui
obéiſſent il eſt vrai ; mais
comme les bêtes qui ſont
ſous le joug. Celui qui regne par l'amour, a le plaiſir
de voir que ſes ſujets dans
leur obéiſſance ſuivent leur
inclination; & qu'il eſt obéi;

non seulement parce qu'il est roi, mais encore parcequ'il est maître des cœurs. Le premier n'a que des esclaves malheureux ; le second a des sujets libres, qui font leur plus grand bonheur de vivre sous ses loix. Celui-là regarde les grands, comme des hommes suspects à son autorité, & le peuple, comme un monstre qu'il faut mettre à la chaîne, & dont il ne sauroit trop se défier. Celui-ci au contraire, regarde les grands comme les plus fermes appuis de son trône ; & le peuple comme la richesse & la puissance de ses états.

Tout ce que nous venons de dire, nous infinuë que le grand art de regner fe réduit principalement à fçavoir regner fur les cœurs. Les politiques le font dépendre d'un trop grand nombre de maximes, qui quelquefois fe détruifent les unes les autres, & qui dans la difference des temps & des occafions, embarrafsent fouvent celui qui veut les mettre en pratique. Il ne peut fe tromper en fuivant cette maxime trés-fimple & à portée de tous les efprits : qui dit, que l'art de regner, confifte principalement dans l'art de fe faire aimer. Ce qui est bien plus aisé à un roi qu'à un simple particulier. Celui-ci a plus d'envieux, & plus d'ennemis. Titus ne pût * éviter la haine, ni la médisance publique avant qu'il fut élevé sur le trône? dés qu'il devint empereur il fut aimé, il fut adoré de tous ses sujets. C'est peut-être, qu'il faut plus de bonheur que de prudence pour se faire aimer, quand on est simple particulier; mais qu'un roi a toûjours des moyens sûrs pour gagner l'amour des peuples.

Reconnoissons ici que la bonté des rois a quelque cho-

* *Suetone.*

se de divin ; & que si un roi semblable à celui que nous venons de dépeindre regnoit parmi des nations qui n'eussent point l'idée de la divinité telle que nous devons l'avoir ; il faudroit non qu'il se fit voir pour être encore plus aimé, mais qu'il se cachat de crainte d'être adoré & de porter ses peuples, à l'idolatrie.

Il nous est aisé de le comprendre, toutes les fois que nous avons le bonheur de voir l'aimable Prince qui regne sur nous. N'appercevons-nous pas l'amour, le zele, le transport, peints sur le visage de tous ſes ſujets ? Combien en remarquons-nous tous les jours, qui le voyant pour la premiere fois, ne peuvent retenir des larmes auſſi douces que celles que la pieté la plus tendre peut faire naître ; comme ſi la divinité elle-même ſe préſentoit à leurs yeux. Combien de perſonnes auroient été prêtes à ſe jetter à ſes pieds, ſi le reſpect n'avoit retenu l'ardeur de leur amour & de leur zele.

On ne peut diſconvenir qu'un roi aimé de ſes ſujets ne ſoit heureux ; il eſt difficile de comprendre qu'il ne le ſoit pas. Il n'eſt point de

roi qui soit moins exposé que
lui aux revers de la fortune.
Il n'a rien à craindre de ses
sujets ; les Grands sont prêts
à se sacrifier pour lui ; ses
peuples l'adorent : il ne peut
craindre que ses ennemis.
Mais quel roi doit avoir
moins d'ennemis , & avoir
moins lieu de les craindre ? Il
ne presente à ses voisins que
la paix & la justice ; s'il est
obligé de faire la guerre, il
a autant de soldats que de
sujets ; ils sont tous prêts à
mourir pous son service. Les
autres rois ont besoin d'exciter leurs troupes par des ré-
compenses , ou par des pro-

meſſes ; il faut des trompettes & des tambours pour les
animer: mais les troupes d'un
bon roi , c'cſt l'amour qui les
anime , c'eſt leurs cœurs qui
font agir leurs bras. Qui ſera
aſſez fort pour les vaincre ?
Raſſemblez - vous ennemis ;
venez ſi vous l'oſez attaquer
un bon roi : vous trouverez
autant de lions que de ſol-
dats : ce ſont des enfans qui
défendront leur pere juſqu'à
la derniere gouté de leur
ſang.

Ces hommes durs , dont
le cœur ne ſe ſentit jamais aucun penchant pour la bonté ,
& dont la politique barbare ,

ne confultant ni la vertu ni
le devoir, n'agit que felon les
deffeins d'un aveugle amour
propre, diront peut-être ici
ce qu'on a coûtume de dire
pour rendre la bonté moins
aimable : qu'il eft impoffible
qu'un bon roi puiffe contenter tous fes fujets ; qu'il y a
toûjours des ingrats, & qu'il
ne pourra jamais fçavoir fi
l'on aime plûtôt fa perfonne
que fes bienfaits. Mais quoi ?
parce qu'un roi ne fçauroit
contenter tous fes fujets, cef-
fera-t-il de les aimer & de
leur faire du bien ? parce qu'il
y a des ingrats ne faut-il faire
du bien à perfonne ? Et où en

serions nous si Dieu en usoit de méme à notre égard. Les défauts qui peuvent se trouver de la part des hommes, n'ôtent rien à la bonté de son éclat ni de son prix. Un roi ne sçauroit contenter tout le monde, j'en conviens : Dieu seul peut le faire ; mais tout infiniment bon qu'il est, il se trouve des ingrats qui se plaignent, qui murmurent ; cesse-t-il pour cela d'exercer cette bonté dont tout le genre humain reçoit les effets les plus admirables.

Qu'y a-t-il donc qui doive empêcher un bon roi de faire du bien à ses sujets ? Est-

ce parce qu'il ne peut sçavoir
s'il est veritablement aimé
pour lui-même ? Jamais roi
n'eut de plus juste raison de
le croire ; mais quand il ne
pourroit s'asurer s'il est aimé
de celui-ci ou de celui-là en
particulier ; il peut s'asurer
du moins qu'il est generalement aimé. Et quel est le bon
roi qui n'a pas été aimé de ses
fujets? On ne sçauroit le nommer. Qnel est le bon roi au
contraire, qui n'a pas été re-
gardé comme l'amour & les
délices du genre humain?

Que si ces noms ne tou-
chent point ceux qui croyent
qu'on doit chercher la gloi-

re par d'autres endroits ;
qu'ils examinent bien eux-
mêmes ce qu'ils entendent
par acquerir de la gloire ; &
ils trouveront que ce n'est
autre chose que de s'attirer
l'amour, & l'admiration des
hommes. Si les simples lumieres de la raison suffisent
pour faire connoître cette
verité à ceux que leurs paf-
sions n'ont pas entierement
aveuglez ; elles suffisent auffi
pour faire voir, que sans la
bonté prise selon l'idée que
nous venons de nous en former ; un roi ne sçauroit jamais se procurer une solide
gloire,

L'IDE'E
D'UN
SAGE ROI.

LA bonté demande tou-tes les vertus qui peu-vent nous rendre utiles aux hommes ; mais il faut que toutes ces vertus soient éclai-rées. Si cette lumiere qui nous fait discerner le bien & le mal ne leur sert de guide ; elles ne peuvent que s'éga-rer, ou faire naufrage ; en un mot si cette sagesse qui est un écoulement de la sagesse éter-

nelle, ne regle toutes nos démarches, nous tomberons à
tous momens dans l'erreur,&
souvent nous ferons le mal,
lors même que nous croirons
faire le bien. La vertu est pure ; mais elle est simple, & se
laisse facilement séduire, si
la sagesse ne vient à son secours pour conduire ses pas,
& pour lui découvrir les em-
buches que lui dresse le vice.
De sorte que la sagesse est
comme l'œil de toutes les
vertus. Mais elle ne consiste
pas seulement dans cette lumiere inéficace, qui nous fait
discerner le bien & le mal, &
qui éclaire quelquefois les

méchans même. Ce n'eſt pas
aſſez que de connoître pour
avoir la ſageſſe ; il faut encore agir conſéquemment ; &
c'eſt le caractere du ſage;

L'objet de ſa connoiſſan-
ce, c'eſt le bien & le mal.
J'appelle bien, tout ce dont
nous pouvons tirer quelque
avantage ſelon les regles de
la vertu. J'appelle mal, tout
ce qui nous eſt préjudiciable, pris ſelon les mêmes regles. Or le mal n'eſt point
dans les objets qui ſont hors
de nous ; il ne vient que de
notre malice, ou de notre
ignorance. Ainſi le bien peut
ſe trouver partout ; il n'eſt

aucun objet soit spirituel, ou sensible, d'où l'homme sage ne le puisse tirer. Il sçait se faire un bien de ce qui est un mal pour les autres. Passions, chûtes, prosperitez, adversitez, ennemis, obstacles, tout est profit pour l'homme sage. Il est comme les Médecins, qui sçavent se servir utilement des viperes & des poisons.

De quelles pures & sublimes lumieres ne faut-il pas être éclairé, pour découvrir le bien dans les choses mêmes qui nous paroissent les plus mauvaises; tandis que l'homme trouve quelquefois le mal, dans celles qui font les plus faintes & les plus facrées. C'eft pour cela, qu'un fage roi s'occupe fans ceffe, à fe remplir de ces connoiffances exquifes, qui font comme autant de fources fécondes de veritez qui éclairent fon efprit, & qui reglent fa conduite.

Il s'applique avec foin à la connoiffance de lui-même ; car comment pourroit-il fçavoir ce qui lui eft utile, ou ce qui lui eft préjudiciable ; s'il ne connoît fes défauts, fes inclinations, fes talens, fon caractere. Il s'étudie donc lui-même, il fe médite, il entre dans le plus secret de son cœur ; & loin de se dissimuler ses défauts ; loin de craindre d'en trop apprendre ; loin de détourner ses yeux de la lumiere ? il la suit sans la perdre de vûë, & elle fait ses plus cheres délices.

Mais comme il se défie de lui-même, & qu'il sçait que nous ne connoissons jamais bien tous les détours de notre amour propre ; il a auprés de lui des hommes sages, dont il reconnoît depuis long-temps la vertu & la candeur. Il les conjure, il les presse, il leur ordonne de lui montrer la verité, dont il con-

noit.

noît tout le prix, & sans laquelle il ne sçauroit regner
ni sur lui même, ni sur ses
sujets. Il est d'autant plus em-
pressé à la connoitre, qu'il
sçait qu'on tâche toûjours de
la dérober aux rois avec soin,
comme si elle n'avoit rien
que d'amer, ou qu'elle fut
un glaive à deux tranchans.

Il est vrai qu'il n'y a que
le sage qui puisse trouver
quelque douceur, dans certaines veritez capables de jetter le trouble dans les esprits
peu fermes & peu élevez. La
lumiere réjoüit les yeux qui
sont sains ; mais elle offense
ceux qui sont malades. La

G

verité qui est douce pour le
sage, est amere pour l'insen-
sé, & pour le méchant. Tandis qu'elle fait le bonheur
des Saints dans le Ciel, elle
fait le supplice des réprou-
vez dans les enfers. Ainsi il
n'est rien de plus doux, ni
de plus terrible que la verité.
Elle est terrible pour le méchant ; mais elle est douce
pour celui qui marche dans
les voyes de la sagesse.

Aussi un sage roi nourrit
sans cesse son esprit de la verité ; il l'aime, il la recherche avec ardeur ; soit qu'elle
lui ouvre la connoissance de
lui-même ou celle qu'il doit

avoir pour gouverner ſes peuples. Il ſçait combien un roi eſt à plaindre ſi la verité ne lui eſt connuë. Quelque auſtere qu'elle ſoit, il goute un plaiſir ſecret à la découvrir ; parce qu'il apperçoit le bien qu'il en peut retirer, & le mal qui ſeroit arrivé s'il l'eut ignorée.

Il ſçait cependant qu'il y a une curioſité vaine & indiſcrete ; qui veut connoitre des veritez, ou qui ſont au-deſſus de nous, ou qu'il eſt bon d'ignorer, parce qu'il eſt dangereux de les apprendre. Oedipe ne fut malheureux, que parce qu'il voulut ſçavoir ce qui lui eut été plus avantageux d'ignorer. Ainſi un ſage roi qui s'applique toûjours à diſcerner le bien & le mal, ſçait qu'il eſt une ignorance volontaire, qui eſt l'effet même du diſcernement & de la prudence ; & qu'il eſt des ténébres qu'il faut reſpecter, parce qu'elles nous cachent ce que nous ne devons pas connoitre.

Mais qu'il eſt beau de lui voir dévoloper le fonds de tant de choſes preſque infinies, dont la connoiſſance fait le fondement de ſa ſageſ-ſe & le bonheur de ſes ſujets ? je ne veux m'arrêter ici , qu'aux idées vrayes qu'il s'eſt formées, de tout ce qui eſt capable d'émouvoir nôtre âme. Nous l'avons remarqué dés le commencement de cet ouvrage; nos idées déterminent notre jugement. Nous n'eſtimons, nous ne mépriſons un objet, que ſelon l'idée qui nous le repreſente. Si donc un ſage roi, ſe fait des idées vives & juſtes des vertus & des vices, & de tout ce qui peut être l'objet de nos affections; il n'eſtimera que ce qui eſt digne d'être eſtimé; il mépriſera tout ce qui doit juſtement attirer ſon mépris,

S'il connoît tous les faux

biens qui éblotiissent nos
sens, qui raviffent notre imagination, & qui furprennent
quelquefois notre raifon foible & peu attentive ; ne per-
dront-ils pas de leur force, de
leur pouvoir tous fes faux
biens, quoique la concupif-
cence nous porte à les recher-
cher ? Si notre efprit voit
leur petiteffe, leur fauffeté,
leur vuide, par des idées vives, claires & diftinctes ; les
mouvemens de la concupif-
cence ne fe ralentiront-ils
pas ? Je fçais qu'en cet état on
pourra dire encore ce que
nous ne difons que trop ;
je vois les meilleures chofes, &

je suis les plus mauvaises. Mais à la longue, nos idées si nous avons soin de les réveiller, de les fortifier, n'affoibliront-elles pas ces mouvemens qui nous entraînent? Nous avons d'autant plus lieu de l'esperer, que les idées que nous nous formons de ces puissans objets, sont souvent facheuses ou agréables, & causent ainsi un sentiment dans notre ame, aussi réel que celui que nos sens y peuvent exciter. Mais d'ailleurs il est difficile d'aimer long-temps un objet, lorsque la raison nous dit toûjours qu'il est méprisable; ou de ne pas ai-

mer enfin, ce qu'on a long-
temps estimé.

Toutes les choses qui peuvent faire quelque forte impression, réveillent d'abord
en un fage roi l'idée qu'il en
doit avoir. Dés qu'il en entend parler, il conçoit naturellement ce qu'elles font en
elles-mêmes. C'est ainsi qu'il
discerne toûjours le bien &
le mal, & qu'il ne se laisse
jamais séduire à un éclat, ou
à une félicité que notre imagination attache aux choses
les plus viles, ou les plus
pernicieuses. Il ne poursuit
jamais ces phantômes qu'elle
nous présente ; phantômes si

vains, que nous éprouvons
toûjours, que le défir en eft
plus agréable que la joüiffan-
ce ; car celui qui efpere de
poffeder les faux biens qu'il
défire, eft toûjours plus con-
tent que celui qui poffede
ceux qu'il a défiré.

Mais ce n'eft point encore
affez pour un fage roi que de
s'appliquer à fe connoitre lui-
même, & à fe faire une vive
& jufte idée de tout ce qui
peut toucher fon ame. Avec
de fi belles connoiffances il
apprendra à regner fur fes
paffions ; mais il pourroit
bien encore regner au gré des
paffions de ceux pour lef-

quels il a trop de confiance,
ou qui sçavent si bien maf-
quer leurs vices & leurs deffeins secrets, sous les dehors
de la vertu & de la candeur,
qu'ils feront naitre en lui
mille fausses préventions, qui
lui rendront suspectes les
personnes les plus sages &
les plus desinteressées; & qui
le porteront à donner sa confiance, & à répandre ses bienfaits, à ceux qui en sont les
plus indignes. L'étude d'un
fin courtisan est de s'attacher
à bien connoitre l'esprit,
l'humeur, les inclinations du
prince ; & en même temps, à
cacher ce qu'il est, & à pa-

roitre ce qu'il n'eſt pas, à con-
certer ſi bien toutes ſes actions, & toutes ſes paroles,
qu'il ne lui en échape jamais
aucune, qui puiſſe, je ne dis
pas le découvrir, mais ſeulement le faire entrevoir.

Il eſt aiſé par-là de comprendre, qu'il faut encore à
un ſage roi la connoiſſance
de l'homme. S'il la poſſede
bien cette connoiſſance, il lui
ſera aiſé de deſcendre dans le
particulier, & par des con-
ſéquences naturelles, de découvrir, de pénétrer ceux
qu'il voudra connoitre.
Nous avons beau nous dé-
guiſer, le vrai & le naturel

nous échappent dans mille rencontres ; ils se font jour lorsque nous y pensons le moins ; & nous ne sommes jamais assez éclairez, ni assez attentifs sur nous mêmes, pour n'être pas ouverts par quelqu'endroit. Un sage roi comprend combien il lui importe de connoitre les differens caracteres de ses courtisans, & de tous ceux qu'il veut mettre en place. Il ne se borne pas-là, il sçait combien il lui est avantageux de pénétrer les vûës, le génie, & les démarches de ses ennemis ; & la lumiere qui l'éclaire lui fait prévoir leurs

desseins. Il ruine leurs projets , il les enveloppe dans
leurs propres ruses.

Comme Salomon , il se
fait admirer par la sagesse de
ses jugemens. Ses sujets n'o-
sent marcher dans des voyes
iniques. Devant lui la trom-
perie est timide, le mensonge est tremblant, & tous les
vices enfin sont déconcertez.
Par-là il regne doublement
sur ses sujets ; car ils respectent le trône exterieurement ;
mais ils respectent dans le
fonds de l'ame , cette supériorité qui vient de l'entendement ; bien differente de
celle que donnent le rang &

la naiſſance. Or lorſque les ſujets la reconnoiſſent en leur roi cette ſupériorité qui vient du génie, ils le ſentent en tout ſupérieur à eux. Au contraire, s'ils découvrent en lui un génie foible, ou inconſtant ; un cœur ſujet à des paſſions dont ils ſçavent remuer les reſſorts ; ils ſe ſentent en cela ſuperieur à lui. Auſſi ont-ils alors l'adreſſe d'exciter ſes paſſions, de profiter de ſon foible, & de le faire agir ſelon leurs vûës, ſouvent fatales à ſon royaume, lorſqu'il croit n'agir que pour le bien & l'avantage de ſes ſujets.

En cet état il diftribuë les emplois au hafard, puifqu'il ne connoit ni la capacité, ni les differents génies de ceux qu'il met en place. Il donne une partie de fon autorité à un imprudent, il remet fes finances entre des mains avares. Il choifira fans le fçavoir un homme injufte, pour reprefenter la juftice même ; il fe repofera fur un méchant, & il ouvrira fon cœur à un traitre. Il prendra pour valeur la témerité de celui-ci ; il attribuëra à la capacité de celui-là, ce qui n'a été que l'effet de fon bonheur, & il regardera comme un coup de téte & de bon fens, ce qui ne fera dans le fonds qu'un coup d'étourdi. Les choix qu'il fait font toûjours des choix hafardez ; il ne les connoît que par le fuccès, & c'eft prefque toûjours à fes dépens.

S'il faut que celui qui dans une Comédie diftribuë les rôles aux Acteurs, connoiffe leurs divers talens , afin de donner à chacun le rôle qui lui convient ; il faut qu'un roi ne difpenfe pas avec moins de fageffe , les rôlés que doivent foutenir dans l'état , ceux que la naiffance, ou le génie élevent au deffus des autres hommes. Comment

ment le fera t-il s'il ne connoît leurs mœurs, leur esprit,
leur caractere?

La sagesse fait regner les
rois ; n'en doutons point, *
c'est elle-même qui l'a dit.
Celui qui s'éloigne d'elle, ou
qui ne la cherche point, voit
décheoir tôt ou tard sa puissance ; ses ennemis lui feront
la loi, & il ne sçaura la donner à ses sujets. En vain vou-
dra-t-il se soutenir par sa seule valeur ; cette valeur ne servira qu'à le faire courir à sa
perte.

Si nous voyons dans l'histoire, qu'il y a eu des Princes

* *Per me Reges regnant.* Prov. c. 8.

H

doux , pieux, affables, & avec cela peu crains , & peu estimez de leurs sujets ; c'est que c'étoient des Princes d'un esprit foible, dépourvû de cette lumiere & de cette sagesse qui apprend aux Rois à regner. Si vous ôtez la sagesse , toutes les vertus sont sans appui , & pour tout dire, ce ne sont que des vertus imbécilles, qui tombent à chaque pas, & qui attirent presque toûjours le mépris.

Les sujets connoissent bien d'abord lorsque leur roi manque de sagesse. A mesure qu'il s'éloigne de ce principe de raison & de justice, ils ont

moins de confiance en lui.
Auſſi un ſage roi, n'oublie
rien pour donner à ſes ſujets,
de grands exemples de ſageſſe ; ſur tout dans les commencemens de ſon regne ; car
c'eſt alors que tous les eſprits
ſont en ſuſpend, & qu'ils
attendent de voir ſes premieres démarches, pour juger de ſa ſagèſſe. S'il donne
alors des preuves éclatantes
de ſon équité, de ſon diſcernement, de ſa grandeur d'a-
me ; il doit attendre de la
part de ſes ſujets, tout ce que
les tranſports de l'amour, &
du zele ont de plus animé ; &
de la part des étrangers, tou-

te l'admiration, toute l'eſti-
me, & bientôt, toute la confiance que la vertu peut produire. Il deviendra leur arbi-
tre ; il gagnera, il entraînera
tous les eſprits ; il ſe rendra
maître de tous les cœurs.

Mais ne penſez pas que
tandis que nous le conſiderons parce que ſa ſageſſe a
de plus doux & de plus at-
trayant ; qu'il ne ſoit pas capable de ſe rendre redoutable à ſes ennemis. Car qui ne
craindroit un roi prudent,
judicieux, éclairé ; qui ſçait
tirer avantage de tout. Ce
n'eſt pas ici cette crainte
qu'inſpirent les nombreuſes

armées ; c'eſt une crainte qu'inſpire une force ſupérieure & inviſible ; c'eſt cette vertu qui fait marcher , mouvoir & vaincre que l'on craint. Une armée eſt peu redoutable ſans elle ; elle donne de la crainte aux plus puiſſans , parce qu'ils ſçavent qu'ils ne ſont puiſſans que par elle.

C'eſt ainſi que Salomon ſe fit non ſeulement admirer ; mais encore ſe fit redouter * par ſa ſageſſe. *Tout le monde le craignit , voyant que la ſageſſe de Dieu réſidoit en lui , dit*

* *Timuerunt regem videntes ſapientiam Dei eſſe in eo. Reg. l. 3. c. 3.*

l'Ecriture. Mais remarquez qu'elle nous dit que c'étoit la sagesse de Dieu, & non la sagesse du monde. J'appelle sagesse du monde la raison humaine, qui loin de consulter cette sagesse qui vient de Dieu, croit ne rien devoir qu'à elle même. Mais tôt ou tard elle s'égare & s'ouvre des abîmes, qui font voir que cette sagesse n'est que folie.

Un sage roi qui sçait que la veritable sagesse ne vient que de Dieu, ne cesse de la lui demander, & de lui faire cette priere que lui * addres-

* *Et nunc Domine Deus, tu regnare fecisti servum tuum pro David patre meo:*

fa autrefois Salomon : *O Seigneur & mon Dieu, vous m'a-
vez fait regner, moi qui suis votre serviteur, en la place de David mon pere ; mais je ne suis
encore qu'un jeune enfant, qui ne
sçait de quelle maniere il doit se
conduire, & votre serviteur est
au milieu de votre peuple que
vous avez choisi, d'un peuple
infini & qui est innombrable à
cause de sa multitude. Je vous
supplie donc de donner à votre*

*ego autem sum puerparvulus, & ignorans
egreßum & introitum meum. Et servus
tuus in medio est populi quem elegisti, populi infiniti, qui numerari & supputari non
potest præ multitudine. Dabis ergo servo
tuo cor docile, ut populum tuum judicare
possit, & discernere inter bonum & malum.*
Reg. l. 3. c. 3.

serviteur, un cœur docile ; afin qu'il puisse juger votre peuple, & discerner entre le bien & le mal.

Discerner entre le bien & le mal, c'est ce que nous devons désirer du côté de la lumiere. Mais prenez garde que le sage n'oublie pas de demander un cœur docile ; car vainement la lumiere s'offriroit à nous ; nous connoîtrons toûjours le bien sans le pratiquer, si notre cœur n'est docile aux impressions de la sagesse. N'avoir qu'une sagesse de pure spéculation, c'est voir le mal sans l'éviter, c'est être livré à tous momens aux combats de l'esprit

prit & du cœur ; c'eſt voir tourner à nôtre honte, nôtre propre intelligence. Auſſi un ſage roi ouvre toûjours ſon cœur à la ſageſſe, & tout ce qu'elle lui dicte devient pratique & efficace.

Je prendrois plaiſir ici à décrire toutes ſes actions ; mais il me faudroit entrer dans des détails qui m'ont paru trop gliſſans. Je me contenterai de donner ſeulement une idée generale de la conduite d'un ſage roi. Je dirai donc que toutes ſes actions tendent à faire regner l'ordre. Là où eſt l'ordre là eſt la ſageſſe. C'eſt l'idée de l'ordre qui nous fait admirer la sagesse éternelle de Dieu. Or comme Dieu s'est servi des voïes les plus simples pour établir l'ordre dans cet Univers; nous devons dire que ce roi est le plus sage, qui sçait se servir des moyens les plus simples pour se maintenir dans l'ordre, & pour y maintenir ses sujets.

On peut aisément comprendre de quelle maniere il remplit ce premier devoir; & comme nous ne montrerions là que l'homme, il sera plus beau de montrer seulement le roi; & de faire voir par quels moyens il fait re-

gner dans fes Etats un ordre admirable, qui feul en
peut faire la gloire & la puiffance.

Plus le defordre regne
dans un Royaume, & plus
les fujets fentent le befoin
qu'ils ont de le voir rétablir.
Les injuftices, les troubles,
les miferes qu'ils éprouvent
alors, les font foupirer après
cet ordre fans lequel on ne
voit regner que la confufion
& l'horreur. Mais quelquefois tout eft dans un renverfement fi étrange, qu'il femble d'abord que les lumieres
jointes aux foins & au travail ne pourroient jamais re-

mettre les choses dans l'ordre. Les plus beaux projets échoüeront, dès qu'on n'ira point à la source du mal; ou si l'on établit quelque ordre, ce ne sera que pour un temps, & bien-tôt les choses retomberont dans leur premier état. Un Medecin qui ne va point à la cause de la maladie, pourra bien donner quelque bon intervale au malade; mais le mal rebelle reviendra toûjours, & éludera tous les remedes qui ne vont point à la cause premiere.

Si on alloit jusqu'à l'origine des desordres qui regnent dans un Etat, on pour-

roit ce me semble travailler
ensuite utilement. Or prenons y garde, le desordre ne
peut jamais regner que par
les vices ; si l'on détruit les
vices on ne peut donc que
remettre l'ordre.

J'en remarque d'abord ici
deux principaux qui détrui-
sent un Etat. Le luxe & la
molesse. Car il ne faut pas
qu'on s'imagine, qu'il n'y ait
que les vols, les assassinats,
les faux témoignages, & les
autres crimes semblables, qui
puissent troubler un Etat ; les
vices que nous venons de
nommer, le renverseront
d'autant plus sûrement,

qu'ils font ordinairement im-
punis. Mais d ailleurs n'eft-il
pas aifé de voir, que le luxe
allume dans nous cet amour
defordonné des richeffes,
cette faim infatiable de l'or;
& que cette faim eft caufe des
injuftices, des parjures, des
vols, des meurtres, & de
toute cette foule de maux
que produit un avide interêt.
Qui ne fçait que la moleffe
retient les hommes dans l'oifiveté ; que l'oifiveté fait que
nous négligeons nos devoirs,
& que le peuple n'eft propre
ni pour le travail ni pour la
guerre. Combien de Nations
n'a-t-on pas vû, qui de ri-

ches, puiſſantes & belliqueu-
ſes, ſont devenuës pauvres,
effeminées & mépriſables ,
par les vices dont nous venons de parler. Un Royaume
où regne avec tant d'excès le
luxe & la moleſſe, eſt ſur le
penchant de ſa ruine. Au
contraire on peut être prefque aſſuré de la puiſſance
d'un Etat, d'où ces vices ſont
bannis.

Que les Partiſans du luxe
ne nous viennent point dire
ici, que c'eſt par le luxe que
le commerce eſt floriſſant,
que l'or & l'argent circulent,
& que toutes ſortes d'ou-
vriers ſont appellez au tra-

vail. Je conviens qu'il est un luxe poli, éclairé, précieux à l'Etat ; qui soutient les Grands, & qui enrichit les peuples. C'est un luxe que nous tirons de notre abondance ; & je ne parle ici que de ce luxe où nous engage notre vanité, & que nous arrachons de notre substance ; de ce luxe qui dérange les Grands, & qui par contré-coup ruine les peuples.

Qu'on ne croïe pas cependant qu'il n'y ait que le luxe & la molesse qui causent le dérangement dans un Etat. Tout vice est un principe de desordre, comme nous

l'avons déja dit. C'est pourquoi, un roi qui possede la
sagesse se déclare l'ennemi
implacable de tous les vices ;
il les poursuit sans cesse ; il ne
leur laisse aucun refuge. Ses
Loix, ses Ordonnances, tendent toûjours à les détuire.

Quels peuvent être alors
les retranchemens du vice ?
dira-t-on que les hommes
sont si dépravez, que tout
ce qu'ils pourront faire, sera
de se contraindre pour ne pas
paroître ce qu'ils sont, & de
couvrir leurs vices du man-
teau de la vertu ? Mais c'est
déja beaucoup qu'on n'ose
plus paroître vicieux ; car par

là on bannit le luxe & la mo-
lefse, & plufieurs autres vices qui ne confiftent que
dans les dehors. Si le cœur
n'eft pas changé, peu à peu
en prenant l'exterieur de la
vertu, on pourroit bien la
goûter, & fentir ce qu'elle
a de doux & d'aimable ; peu
à peu les précautions incom-
modes, qu'il faudroit toûjours prendre pour cacher
fes vices, pourroient bien
en donner du rebut, ou du
dégoût.

Il eft tant de divers moïens
qu'un fage roi peut emploïer
pour s'oppofer aux vices,
qu'il ne faut pas douter qu'il

ne puiſse les bannir, quand
même ils ſeroient dans leur
plus grand débordement.
Nous remarquerions là-deſ-
ſus tout ce que lui inſpire ſa
ſageſse; mais il faudroit entrer dans des détails auſquels
il eſt toûjours plus ſûr de ne
pas toucher. En parlant de
la ſageſse, ne péchons pas
contre la ſageſse; & renfer-
mons-nous dans les bornes
qu'elle nous preſcrit.

Nous ne pouvons cepen-
dant nous diſpenſer de dire,
qu'un ſage roi ſçait que la voïe
la plus ſûre qu'il puiſſe prendre pour bannir les vices de
ſa Cour, & de tout ſon

Roiaume, c'est de donner à
ses sujets de grands exemples
de vertu. Les Philosophes
ont beau écrire, les Orateurs
ont beau parler ; la verité est
trop simple ; elle fait peu
d'impression sur des hommes
qui ne consultent que leurs
sens. Mais si elle parle à leurs
yeux, pour ainsi dire ; elle ne
manquera pas de faire dans
leurs cœurs une vive impression. Lorsqu'un roi juste,
pieux, infatigable dans ses devoirs ; aussi grand par sa modé-
ration que par son courage,
se montre à ses sujets ; n'est-ce
pas presque autant que si la
vertu même paroissoit à leurs

yeux. Pourroient-ils alors ne pas sentir tout ce qu'elle a de pur & de délicieux ? pourroient-ils résister à ses charmes ? La vertu seule fait la gloire des rois, comme celle de tous les autres hommes ; mais il faut avoüer que les rois de leur côté, donnent un beau lustre à la vertu.

Si les hommes ne vivent que d'exemples ; quels exemples peuvent les entraîner plus fortement que ceux de leur roi. S'il est vrai que tel est le roi tels sont les sujets ; il ne tiendra qu'à lui de ramener les bonnes mœurs, de mettre la

vertu à la mode, & de l'in-
sinuer par toutes ses actions.
Quel bonheur ses sujets ne
peuvent-ils point se promet-
tre ; est-il quelque bien qu'ils
ne doivent attendre ; le siecle
d'or ne doit-il pas revenir
pour eux ?

Sçavez-vous ce qui l'amena
ce siecle si vanté ? c'est les
bonnes mœurs, c'est la bonne foi, & l'équité. Les Poëtes
qui se plaisent toûjours à em-
bellir, & à faire les plus agrea-
bles peintures, ont beaucoup
donné à la liberté & au feu
de leur imagination, dans
les descriptions qu'ils ont
faites de cet âge heureux. La

terre, difent-ils, produifoit
d'elle-même des épis dorez ;
les rofes étoient fans épines ;
des ruiffeaux de lait couloient
dans les prairies, on joüiffoit
d'un éternel printemps ; &
mille autres femblables fictions, qui nous font fentir
l'état de notre mifere, plutôt qu'ils ne flatent notre
nature. Mais tout ici n'eft
point fabuleux, & il eft bon
de tirer la verité fimple des
ornemens du menfonge dont
on l'avoit envelopée.

Ce qu'il y a de vrai du
fiecle d'or, eft que tous les
objets de la nature paroif-
foient avec tous leurs char-

mes, à ces hommes qui me-
noient une vie simple, qui
ne connoissoient point ni l'a-
vide interêt, ni le parjure,
ni les vains desirs. Pour eux
tout étoit riant, parce qu'ils
n'étoient point agitez par de
folles passions. Cette douce
paix, ces pures délices nous
paroissent un songe, tant
nous sommes corrompus;
mais tout changeroit de face pour nous, si bannissant
de nos cœurs la vanité, la
molesse, l'envie, l'avarice,
la débauche; nous nous ren-
dions attentifs aux beautez
& à la voix de la nature. Ce
n'est pas elle qui a manqué;
elle

elle·est toûjours pure, toûjours gracieuse, toûjours aimable. Le siecle d'or dure-
roit encore, si les bonnes
mœurs s'étoient conservées
sur la terre; mais l'homme
est si méchant, qu'il a fait
venir le siecle de fer. Il n'aime plus que ce qui l'agite,
que ce qui le trouble. Il s'est
livré à l'ambition qui le dé-
chire, à l'avarice qui le dé-
vore, à l'envie qui le consu-
me, aux débauches qui l'ac-
cablent.

Un sage roi à qui ces idées
se présentent, sçait bien qu'il
n'est pas necessaire de faire
revenir les mœurs antiques

K

ſi differentes des nôtres ;
pour ramener l'âge d'or. Il
lui ſuffit de faire revivre les
bonnes mœurs. Il ſçait que
c'eſt elles qui font regner la
paix, la juſtice, la concorde,
l'abondance ; que c'eſt elles
qui rendent la jeuneſſe docile, & les ſujets fideles à
leur Prince. Que c'eſt les
bonnes mœurs qui font re-
gner la droiture dans le commerce, la diſcipline dans les
armées, la juſtice dans le
Barreau, la police dans les
Villes, la fertilité dans les
campagnes. Que c'eſt elles
enfin qui baniſſant toute oi-
ſiveté, font appliquer tous

les hommes à leurs devoirs,
& leur donnent la santé &
la force.

Je ne dis point ceci pour
débiter de la morale ; & je
ne m'en fers que parce qu'elle me fournit les veritez que
je cherche. Comme je vois
clairement qu'on ne fera jamais rien felon les regles de
la fageffe fi l'on n'établit l'ordre ; je vois de même qu'on
n'établira jamais l'ordre fo-
lidement, fi l'on ne touche
point aux mœurs. Verité morale dont je n'examine point
toute l'excellence, & que je
ne regarde ici que comme
une verité phyfique, ten-

dante à l'effet que nous cherchons.

L'idée que nous avons donnée d'un bon roi, nous auroit paru imparfaite, si nous
n'y eussions uni celle d'un
sage roi Il ne nous reste plus
maintenant qu'à déveloper
les justes notions qu'il s'est
faites des principales choses
qu'il doit connoître pour se
soutenir long temps dans la
sagesse. C'est ce que nous
éclaircirons dans la suite de
cet ouvrage à mesure que
nous nous formerons l'idée
d'un roi parfait.

SUITE

DE

L'IDÉE

D'UN

SAGE ROI.

UN sage roi en mar-
chant dans les sentiers
de la vertu, ne cesse de craindre les pieges du vice. Il sçait
qu'il est mille occasions où
l'on tâche de nous le rendre
aimable; c'est pourquoi il
en considere chaque jour &
la diformité, & les suites fu-

neftes. C'est ainfi que la colere, l'injuftice, l'intemperance, deviennent pour lui des leçons de douceur, d'équité, de fobrieté.

S'il voit combien les paffions portent les hommes à fe nuire les uns aux autres; il confidere d'abord qu'un particulier que fes paffions dominent, ne peut gueres faire fouffrir que fa famille, & un certain nombre de perfonnes avec qui il eft en commerce; mais qu'il n'en eft pas ainfi d'un roi; & que s'il fe laiffe emporter à fes paffions; auffi tôt tout fon royaume s'en reffent, & quelquefois même le monde entier.

Il a connu de bonne heu-
re que l'ambition & la molesse, sont les deux plus dangereuses passions ausquelles
un roi puisse se livrer. Il sçait
qu'elles sont inséparables de
l'injustice, & qu'elles s'allient
à l'avarice cruelle & insatia-
ble, pour avoir toûjours dequoi fournir aux dépenses
de la prodigalité. Il sçait
que l'ambition & la molesse
peuvent toutes deux à la fois
regner dans un cœur ; & que
la plupart des ambitieux
comme Pyrrhus, ne poursui-
vent leurs vastes desseins
que pour arriver ensuite au
port de la volupté. Il n'igno-

re pas qu'un roi ambitieux
eft dur, inflexible ; ou que
s'il eft fenfible à la pitié ; c'eft
tout au plus comme Alexan-
dre, qui pleuroit fes ennemis lorfqu'il les avoit vain-
cus & dépoüillez ; mais qui
portoit impitoyablement le
fer & le feu par-tout où il
trouvoit de la réfiftance.

Il fçait enfin qu'un roi qui
fe livre à fes paffions ne peut
être que malheureux. En effet, peut-on s'imaginer un
état où les paffions foient
plus violentes & plus funeftes que l'état d'un roi, qui
pouvant tout entreprendre,
fe livre à tous fes penchans
déreglez ;

déreglez; & voit les autres
hommes toûjours prêts à le
fervir dans fes égaremens &
dans fes tranfports. Un fujet
eft retenu par les loix, ou
par fon impuiffance; mais
rien n'eft capable d'arrêter un
roi qui veut executer aveu-
glément tout ce que lui dic-
tent fes paffions. Pourroit-il
n'être pas malheureux tandis
qu'il n'y a point d'excès où
elle ne l'amenent.

Les hommes corrompus s'i-
magineront qu'un roi pourroit être heureux, fi étouffant
tous fes remords, & vivant
fans refléxions, il ne s'occu-
poit que de fes plaifirs, &

confacroit tous les momens de fa vie à la fenfualité. Quand même fon état feroit déplorable diront-ils, il n'y penfera point, il s'étourdira là-deffus : & fe plongeant dans les plaifirs, fon fort lui paroîtra agreable. Il fera dans l'erreur ; mais n'importe, ajoûteront-ils ; il eft de douces erreurs qui font notre félicité ; & celui-là eft heureux qui s'imagine l'être.

Eft-il poffible que des hommes d'ailleurs raifonnables ayent pû adopter ce fentiment. Quoi l'erreur fera le plus grand de tous les biens? Certainement fi le bonheur dépend de l'imagination, le bonheur n'eſt qu'une chime-re, ou qu'un phantôme Mais qu'un ſage roi ſçait bien diſtinguer le bonheur d'avec le plaiſir Il ſçait que le plaiſir peut exiſter, quoique ce qui le cauſe ſoit vain, ſoit faux, ou n'exiſte qu'en idée. Un ſonge agreable produit veritablement le plaiſir, mais ne produit pas le bonheur. Notre bonheur pour exiſter doit êrre fondé ſur la verité. * *La folie eſt la joye de l'inſenſé.* Mais peut on dire pour cela qu'il ſoit heureux, quoiqu'il s'imagine l'être. Il n'y a au-

* *Stultitia gaudium ſtulto.* Prov. c. 15.

cune perſonne raiſonnable
qui voulut être en ſa place.
On le regarde comme mal-
heureux, parce qu'il n'y a
point de bonheur ſi la raiſon ne le reconnoît. Le plaiſir au contraire n'eſt qu'un
ſentiment agreable, que ce
qui n'exiſte qu'en idée peut
produire. La cauſe du plaiſir eſt arbitraire, & toûjours
dépendante. La cauſe du bonheur eſt réelle, immuable &
indépendante. Ainſi un ſage
roi ne recherche point d'autre joye que celle qui eſt
fondée ſur la raiſon. Toute
autre joye eſt une joye fri-
vole qui ne ſçauroit le rendre heureux.

Mais ce qui donne bien encore de l'horreur pour les vices à un sage roi, c'est de penser que celui qui s'est livré à ses passions, est déteslté non seulement durant sa vie, mais encore après sa mort ; que ses propres sujets lui donnent presque toùjours un surnom qui fait connoître à la posterité son vice capital ; soit qu'il ait été ambitieux ou effeminé, avare ou cruel, hautain ou impie, emporté ou indolent. Les Historiens ont soin de ramasser toutes ses mauvaiIses actions, & de découvrir ses vices les plus secrets. Ils le dépeignent à toutes les races futures avec les couleurs les plus vives.

Un Particulier peut dérober quelquefois à la connoissance des hommes ses mauvaises actions. Celles mêmes qui sont connuës ne le sont que d'un certain nombre de personnes. Il n'en est pas ainsi des rois : ce sont des hommes uniques, exposez sur le grand théatre du monde, à la vuë, pour ainsi dire, de l'Univers. Ils sont les acteurs qui paroissent sur cette grande scene ; & le jugement qu'on porte d'eux après leur mort, subsiste durant tous les siécle

Un sage roi a souvent cette pensée dans l'esprit, qu'un roi qui s'est abandonné aux vices, est vû de toute la posterité tel qu'il a été : & qu'il peut dire comme Oedipe, qui s'étant arraché les yeux après son parricide, s'écrie, transporté de douleur : * *je ne vois pas le jour qui a été témoin de mon crime; mais je suis vû.* Je suis caché dans l'obscurité & dans les horreurs de mon tombeau, peut dire un méchant roi; Je ne vois ni les hommes ni la lumiere depuis plusieurs

* *Non video noxæ conscium noſtræ diem, ſed videor.* Sen. Theb.

L iiij

siécles. Cependant je suis vû comme au grand jour ; on me montre à toutes les nations ; on apprend aux enfans mêmes tout ce que j'ai fait ; & l'on diroit que mes actions font encore toutes recentes. *Je ne vois pas le jour qui a été témoin de tous mes vices ; mais je suis vû.*

Voilà ce que médite un fage roi. Voilà ce qui le pénetre. C'est ainfi qu'il tire du vice même de puiffans motifs de vertu. Avoüons que le regne d'un tel roi ne peut qu'être un regne de paix, de juftice, & de bonheur. Et qu'il ne peut qu'ê-

ître maître des volontez de
ses peuples. Non qu'il se ser-
ve de tant de vertus pour se
faire obéïr ; car il sçait que
les rois ont une puissance que
Dieu lui même semble soutenir. Fussent-ils méchans ; on
reconnoît toûjours l'image
de Dieu en leur personne ; &
quoiqu'ils en ayent effacé les
plus beaux traits, & les plus
nobles caracteres ; ils conservent toûjours l'image de sa
toute-puissance. Les sujets
ne doivent point se soustrai-
re à l'autorité d'un mauvais
roi, quand les regles éternel-
les de la verité & de la justice
la leur font reconnoître pour

legitime ; & Dieu par un prodige de fa fageffe, ceffe rarement de le revêtir de cette force, de cette autorité fuperieure qui entraîne tout, & à laquelle on fe fent contraint d'obéïr. Tâchons de pénetrer ici un myftere qui nous étonne tous les jours, lorfque nous confiderons le pouvoir du fouverain, qui feul, & foible en lui-même, fait pourtant trembler des millions d'hommes, & les tient fous fon obéïffance. Cette digreffion fervira de preuve a ce que nous venons d'avancer, que les fujets doivent obéïr à leur roi, quoiqu'il foit méchant ; lorfque fon autorité eft reconnuë pour legitime.

L'homme fent malgré lui une puiffance invifible & fou-veraine qui le domine, & le tient dans la dépendance. Elle s'infinuë dans le plus intime de fon ame ; & cette puiffance n'eft autre que la force de la raifon, de la ve-rité, de la juftice. Il ne peut fe fouftraire entierement à leur autorité fans ceffer d'ê-tre homme, puifqu'il ceffe-roit d'être raifonnable. S'il leur eft quelquefois rebelle ; il faut qu'il éprouve leur pouvoir en mille rencontres,

malgré qu'il en ait. De là
ces remords qui l'attaquent,
qui l'importunent, qui le
déchirent; de là cet aveu de
leurs crimes; que se sentent
quelquefois interieurement
forcez de faire les criminels,
lorsqu'ils sont présentez devant leurs Juges, de là cette
force de la verité & de la
justice, qui porte si souvent
les plus timides & les plus
injustes à dire qu'ils méritent la mort, & à pronon-
cer ainsi eux-mêmes leur jugement.

Mais si les hommes ne
sont pas bien avec eux-mêmes, lorsqu'ils s'écartent de

la raifon & de la juftice; ils éprouvent bien plus forte-ment qu'ils ne fçauroient vi-vre enfemble, s'ils ne s'unif-fent à cette raifon univer-felle, fous les loix de laquelle ils fe fentent fi fouvent obli-gez de fe ranger.

Or il faut convenir, que celui qu'une nation entiere reconnoît pour être l'image de cette fuprême puiffance, de cette raifon, de cette ju-ftice dont ils éprouvent le pouvoir; il faut convenir, dis-je, que celui-là aura fur eux une autorité plus qu'hu-maine, & qui fera marquée au coin de la divinité. Car

si cette raison éternelle produit en nous de si grands effets
par le seul sentiment que nous
en avons , & par sa seule
voix interieure ; que ne sera-
t-elle pas , si elle se montre
à nos yeux , & si sa voix frappe nos oreilles ? Voilà ce
qui opere le miracle qui nous
étonne ; un seul homme est
maître absolu de cent millions d'hommes ; c'est qu'il
est une puissance suprême,
dont ils ne peuvent effacer
les vives impressions , & qui
les force à sentir le pouvoir
de celui qui la représente.

Ce n'est pas tout encore ;
pour se reproduire en quel-

que forte, dans tous les lieux où les peuples doivent vivre fous fon obéïffance, fut-ce aux extrêmitez de la terre, il communique fon autorité à qui il lui plaît. Car tout ainfi que les peuples regardent le pouvoir de leur Sou-verain, comme le pouvoir même de la Divinité, quoi-qu'il ne lui foit que tranf-mis; ils regardent l'autorité qu'il tranfmet aux autres, comme la fienne propre Le Souverain l'a t-il communi-quée à quelqu'un de fes fu-jets, auffi-tôt cent mille hom-mes armez trembleront de-vant celui qui auparavant n'avoit aucune autorité sur eux. Il est maître maintenant de leurs vies ; il parle, & il est obéï ; sa voix est la voix de cette puissance invisible, & de cette raison souveraine qui n'est autre que Dieu même, & dans le moment tous la reconnoissent. Cette voix est plus puissante qu'une armée rangée en bataille, & c'est ici qu'on doit dire : * *Qu'il n'est point d'épée à deux tranchans qui pénetre si avant que la parole du Seigneur, qu'elle*

* *Vivus est enim sermo Dei, & efficax, & penetrabilior omni gladio ancipiti : & pertingens usque ad divisionem anima ac spiritus, compagum quoque ac medullarum. Hæbr. 4.*

s'insinuë

s'infinuë jufque dans la divifion
de l'ame, qu'elle pénetre dans
les ligamens des os, & dans les
moüelles.

Les hommes font telle-
ment faits pour obéïr à la raifon & à la juftice éternelle,
qu'ils ne fçauroient fe raf-
fembler pour ne faire qu'un
feul peuple, fans fe choifir
un ou plufieurs Chefs, à qui
ils feront obligez d'obéïr
comme à cette raifon univer-
felle, hors de laquelle il n'y
a que defordre, renverfe-
ment & horreur. De là eft
venu l'établiffement des Mo-
narchies & des Républiques.
Une nation a-t-elle reconnu

un Chef pour être le legitime dépositaire de cette raison souveraine, à laquelle
nous devons nous soumettre;
voilà le rayon de la divinité
qui est tombé sur lui. Ses
sujets ne sont plus les maîtres de retirer leur aveu;
une puissance invisible les
retient, les lie, les attache
à celui qui en est l'image.
Fut-il injuste & cruel, si son
pouvoir est legitimement
despotique; la force de cette
puissance divine les y sou-
mettra. Si au contraire les
peuples ne se soumettent à lui
qu'à certaines conditions, ils
se soulevent aisément, lors-

qu'il veut ufer d'une autorité qu'ils n'ont pas reconnuë en lui ; parce qu'alors,
c'eſt la regle de la verité &
de la juſtice qui parle contre
lui-même. S'il ſe fait obéïr,
ce ne ſera que par une force
purement humaine, & qui
n'aura nul caractere de la divinité.

Ce n'eſt pas auſſi qu'il n'y
ait quelquefois des ſujets re-
belles à un roi legitime ; mais
ils ſont toûjours contraints
de chercher dans leur plus
injuſtes entrepriſes, quelque
apparence de raiſon & de
juſtice, ſans laquelle ils paſ-
ſeroient pour des furieux &

des infenfez. Il peut s'en trouver cependant de ces furieux;
mais ce font des monftres,
qui voudroient ne reconnoître ni raifon ni juftice; &
qui défireroient qu'il n'y eût
point de roi, comme ils voudroient qu'il n'y eût point
de Dieu, pour vivre impu-
nément dans leurs defordres.

Ceux qui vivent fous un
méchant roi, dont le pou-
voir defpotique eft reconnu
pour legitime, doivent con-
fiderer qu'en lui obéiffant,
ils obéiffent à une raifon éternelle de laquelle il tire tout
fon pouvoir, & qui eft infiniment au-deffus de lui. Sans

elle toute son autorité tom-
beroit en un inftant. Et cela
eft fi vrai, que fi cette fuprême raifon veut qu'on obéiffe
à un roi injufte envers nous,
elle veut auffi qu'on refufe
de lui obéïr, lorfqu'il nous
ordonne de commettre une
injuftice. Et ceux qui n'a-
voient pû fe fouftraire aux
commandemens de leur Sou-
verain, fe fentiront fouvent
animez d'une force divine,
pour refifter à un ordre, qui
veut leur faire fouler aux
pieds, cette raifon, cette juftice éternelle qui domine
fur les hommes.

On voit par tout ce que

nous avons dit, qu'on ne doit pas cesser de reconnoître en un mauvais roi l'image de Dieu, quoique défigurée; & que nous devons toûjours lui obéir lorsque ce qu'il nous ordonne ne nous fait point violer les loix de la verité & de la justice.

Mais qu'est ce qui corromp plus aisément les rois? Quels sont les principaux écüeils qu'ils doivent éviter? c'est ce qu'un sage roi connoît parfaitement, & c'est ce que nous allons examiner.

L'IDÉE

DE

LA FLATERIE.

IL est surprenant que les rois, qu'une illustre naissance & une belle éducation devroient ce semble élever au plus haut degré de la vertu héroïque, soient quelquefois plus sujets que les autres hommes aux plus dangereuses passions, & aux plus grandes erreurs. Après y avoir refléchi, j'ai reconnu que ce déreglement étoit

bien moins l'effet de leur naturel que du funeste poison
de la flaterie; ou d'une fausse
idée qu'ils se font de la veritable grandeur. Donnons
ici la juste idée qu'un sage
roi se fait de l'une & de l'autre; & commençant par la
flaterie, faisons la voir avec
tous les maux qu'elle traîne
à sa suite, ôtons lui son mas-
que fatal; tâchons de la rendre odieuse; & immolons
ici celle dont nous avons été
tant de fois les victimes.

Après avoir examiné la
nature de la flaterie, & tâché de la réduire à l'expres-
sion la plus claire, pour en

connoitre

connoître, s'il faut ainsi dire, toute l'analyse ; j'ai trouvé que la flaterie n'étoit autre chose qu'un mensonge,
qu'on déguise sous les apparences de la verité, pour plaire à celui à qui on l'adresse ;
en lui dérobant la connoissance de lui-même, ou de
ses propres interêts. Voilà
l'idée que s'en forme un sage roi. Cette idée lui est si
naturelle, qu'il ne sçauroit
l'effacer de son esprit pour
en substituer une autre plus
agréable, mais en même
temps moins vraie. Il est aisé
par là de juger du mépris
qu'il a pour la flaterie &
pour les flateurs.   N

Si la flaterie n'eſt dans le fonds qu'un menſonge ; eſt-il rien de plus indigne qu'elle ; ne porte-t-elle pas les caracteres du démon ; puiſque celui-ci eſt l'auteur même du menſonge ? Mais eſt-il rien de plus pernicieux que la flaterie, ſi ſon deſſein eſt de nous faire perdre la connoiſſance de nous mêmes ? Je parle de cette connoiſſance que doit avoir tout homme raiſonnable ; car je ſçais bien que l'homme ne ſe connoîtra jamais parfaitement quelque attentif qu'il ſoit ſur lui-même. Je parle de la connoiſſance de nos forces & de nos foiblesses, de nos vices, de nos défauts les plus sensibles, les plus saillans, si j'ose ainsi dire. Prenons-y garde ; perdre la connoissance de soi-même, c'est proprement perdre la raison, celle-là est le fondement de celle-ci. Aussi voïons-nous que les insensez s'imaginent d'abord être tout autre qu'ils ne sont. La plûpart ne font paroître l'égarement de leur esprit que lorsqu'ils parlent d'eux-mêmes. L'homme est sage tandis qu'il se connoît, oublie-t-il ce qu'il est, le voilà aussi-tôt dégradé.

Que si la flaterie tend encore à nous faire perdre la connoissance de nos propres interêts; dans quels malheurs ne jettera-t-elle pas un roi qui se laisse persuader à cette séductrice ? Car enfin, un roi qui ignore ce qui lui est contraire, & ce qui lui est avantageux ; un roi à qui l'on fait entendre que ses sujets sont dans l'abondance, tandis qu'ils gémissent dans la misere. Que ses places sont également bien munies, & bien fortifiées, tandis qu'elles manquent de tout ; un roi à qui on persuade la guerre dans le seul dessein de flater

l'amour qu'il a pour la vaine gloire; tandis qu'il feroit
plus avantageux & plus glorieux pour lui de regner dans
la paix; un tel roi peut-il
être dans un état plus déplorable. Voilà cependant ce
que fait la flaterie, qui differe peu felon nous de la
trahifon.

A tout ce que nous ve-
nons de dire, on répondra
peut-être que la flaterie ne
produit pas de fi funeftes
effets; qu'elle n'eft qu'un
agréable encens que l'ufage
& la bienféance veulent
qu'on offre au Souverain;
qu'il fait affez fentir lui-mê-

me qu'on ne peut le flater
que jufqu'à un certain point;
& que les flateurs qui le connoiſſent n'oſeroient pouſſer
trop loin la flaterie. Mais la
raiſon & l'experience ne nous
font que trop voir que les
ſuites de la flaterie ſont toûjours fatales aux rois ; & c'eſt
ce que je vais tâcher de déveloper.

L'homme ne fait pas aſſez
de refléxions ſur ce que peut
un progrès inſenſible ; &
pour l'ordinaire il mépriſe,
ou il néglige tout ce qui n'a-
git qu'inſenſiblement. Telle
eſt cependant la nature; ce
n'eſt qu'inſenſiblement qu'el-

le acheve, qu'elle perfectione la plûpart de ſes ouvrages. Nous ne nous appercevons pas des changemens qu'elle fait tous les jours dans les choſes qu'elle travaille. C'eſt par un progrès inſenſible que les pierres & les métaux ſe forment dans la terre ; que nos corps s'exhalent par les tranſpirations, & ſe renouvellent par la nourriture. Voyez-vous ce grain de ſénevé ? il échape preſque à votre vûë ; laiſſez-le croître ; il deviendra un jour un arbre ſous l'ombre duquel les hommes ſe mettront à couvert du ſoleil.

N iiij

Tel est le progrès des vices que la flaterie fait ger-
mer en nous. Ils sont presque insensibles dans les commencemens ; ce ne sont alors
que quelques petites semen-
ces ; mais elles croîtront peu
à peu, & à la fin nous apperce-
vrons des monstres qui nous
étonneront. Qu'un progrès
insensible dans le vice est à
craindre ; & que n'aurois-je
pas à dire sur ce sujet.

La flaterie est un poison
lent ; nous n'en ressentons pas
d'abord les effets ; on nous
l'insinuë si doucement que
nous ne nous en appercevons
pas ; on ne fait, pour ainsi

dire, que nous l'inftiler. Nous
croyons encore être fains;
mais un venin fubtil fe répand infenfiblement de veine en veine; nous nous af-
foibliffons enfin chaque jour:
un feu fecret nous confume;
déja les parties nobles font
attaquées; notre vifage eft
tout changé; la mort fuit de
près de fi funeftes fimpto-
mes. Mais parlons fans figures, & hâtons-nous de faire
voir comment la flaterie conduit par degré un roi dans
l'abîme.

On ne peut douter que les
flateurs n'exaltent toutes les
chofes pour lefquelles un roi

a de l'inclination, & qu'ils
ne méprifent tout ce qui
n'eft pas de fon goût. Sera-
t-il fans erreur ; fera-t il in-
faillible ? S'il ne le peut être,
où ne le conduira-t-on pas ?
Réfiftera-t-il à la perfuafion
d'autrui, lorfqu'il s'eft déja
perfuadé lui-même? S'il commence à faire voir quelque
penchant pour certains vices ; avec quelle adreffe lui
ménagera-t-on toutes les circonftances qui pourront l'y
engager; & fans lefquelles fon
cœur ne s'y feroit peut-être
jamais livré. Avec quels foins
empreffez tâchera-t-on auffi-
tôt de le fuivre dans fes égare-

mens ? Les flateurs ainsi que l'image qui se peint sur une glace, l'imiteront dans toutes ses actions ; car on peut flater par les actions mieux quelquefois encore que par les paroles. Si tout conspire à l'engager dans ses faux jugemens, & à servir les moindres mouvemens de son cœur, où ne l'amenera-t-on pas ?

Déja le vice lui paroît chaque jour moins odieux, sans qu'il s'apperçoive du changement qui se fait en lui. Déja l'on a consacré ses défauts sous les noms de quelques vertus : sa cruauté est

appellée justice; ses débauches passent pour d'agréables
délassemens ; son ambition
monstrueuse est honorée des
noms specieux de gloire &
d'émulation. Ainsi le jette-
t-on d'erreurs en erreurs. En
vain dans les commencemens
rejettoit-il quelquefois par
une espece de bienséance, des
paroles trop flateuses ; elles
laissoient secretement leur
éguillon dans le fond de son
cœur ; & quelques jours
après il prenoit plaisir à entretenir dans son esprit cette
idée agréable qu'il avoit d'a-
bord rejettée. Mais cette lumiere interieure que la fla-

terie fait éclipfer, s'obfcurcit
pour lui peu à peu : enivré
de l'encens des flateurs, il
ne diftingue prefque plus
le vrai d'avec le faux dans
tout ce qui le regarde.

Voilà comme la flaterie
fait tomber un roi dans l'a-
veuglement le plus déplorable. Qui viendra lui déffiller
les yeux? Hélas! en cet état
il ne peut voir la lumiere de
la verité; il chérit les douces, mais funeftes erreurs
dont il s'eft laiffé prévenir.
S'il falloit appuyer par des
exemples tout ce que nous
venons de dire; combien
verrions-nous de rois qui

de juftes, fages, vertueux;
font devenus injuftes, méchans, cruels, abominables;
pour avoir écouté la flaterie.

Je ne penfe jamais à Ne-
ron que je ne tremble pour
les bons rois, que je ne crai-
gne toûjours que la flaterie
n'empoifonne leur beau naturel. Oüi Neron, dont le
nom feul fera odieux à toutes les races futures; étoit
durant les premieres années
de fon regne, un Prince
doux, humain, affable; il
étoit touché de la vertu, il
avoit de l'horreur pour le
vice. Ses inclinations étoient
douces & tournées au bien;

mais il prêta l'oreille à la flaterie ; il en avala le subtil poison ; & son cœur en fut infecté. On le vit changer insensiblement d'humeur & de natutel ; ses regards devinrent farouches ; il ne fut plus le même ; il devint un monstre exécrable à tout le genre humain. Que d'Empereurs, que de Rois ne me faudroit-il pas nommer, si j'avois à compter tous ceux que la flaterie a perdus ; peut-être pour le faire me faudroit-il nommer tous ceux qui ont été méchans.

Il faut tout dire ; la flaterie se glisse si adroitement

dans nos cœurs, que la plus grande difficulté n'est pas de la rejetter, c'est de la connoître. Il n'est rien qui nous séduise, qui nous amorce si finement que la flaterie. Comme elle n'est qu'un mensonge déguisé sous les apparences de la verité ; elle veut passer pour une legitime loüange, & ne se montre par conséquent que sous des apparences de vertu ; car tous les hommes conviennent qu'il n'y a que ce qui est vertueux qui soit loüable. Ainsi le grand amour qu'ils ont pour les loüanges, est fondé sur l'estime qu'ils ont pour la vertu.

vertu. Il faut donc convenir
qu'il n'eſt rien ſi aiſé que de
ſe laiſſer ſurprendre à la flaterie ; puiſqu'elle paroît ſe
fonder ſur ce qui enleve l'eſ-
time des hommes, & qu'elle
prend la reſſemblance de ce
qu'ils aiment avec tant de
paſſion. Un roi diſtinguera t-
il toûjous le point de difference qui ſe trouvera quelquefois entre une flaterie finement maniée & une veritable
loüange ? Helas ! il eſt déja
tout porté à croire ce qui le
flate. Avoüons-le de bonne
foi ; nous n'avons point de
plus dangereux flateurs que
nous-mêmes. Les hommes

nous flateroient en vain, si nous ne donnions notre consentement à ce qu'ils nous disent. Nous nous flatons tous sans le sçavoir. Notre amour propre infiniment ingenieux à nous tromper, est épris en secret des charmes de la flaterie ; & c'est toûjours par lui qu'elle est introduite dans notre cœur.

Je sçais que nous rejettons quelquefois la flaterie ; & que nous paroissons dans plusieurs rencontres en être les ennemis déclarez ; mais c'est qu'elle ne touche point à notre foible. Nous avons tous un endroit qui nous est

cher, par où nous nous laiſ-
ſons preſque toûjours ſurprendre aux flateurs. On
voit quelquefois des hom-
mes qu'on ne peut attaquer
que par là : ce ſont des Achi-
les qui ſont invulnerables,
au talon près.

Penſez-vous que cet en-
droit foible échapera à des
flateurs qui étudient leur roi
avec tous les ſoins imagina-
bles ? qui tâchent de pénetrer le fonds de ſon cœur ;
qui examinent ſon viſage,
ſes geſtes, ſes moindres regards, pour découvrir ſes
ſentimens les plus ſecrets.
Penſez-vous que des flateurs

attentifs & éclairez, n'atra-
peront pas l'endroit par où
ils pourront flater leur roi
sans qu'il s'en apperçoive?
Ils sçavent le moment qu'il
faut prendre, & le tour qu'il
faut donner. Un roi qui dans
ce temps-là auroit à combat-
trecontrelui-même indépen-
damment des flateurs, aura-
t-il encore assez de force pour
leur résister? helas! il semble être d'accord avec eux,
& tout parle en faveur de la
flaterie. S'il consulte ses
courtisans, ils lui tiendront
tous le même langage; car
qui dit courtisan dit flateur;
ces deux mots sont sinoni-
mes.

Mais quand un roi seroit entierement sourd à la flaterie; quand il fermeroit la bouche aux flateurs; ils ont mille moyens ingenieux pour se faire entendre. Les choses inanimées parleront à ses yeux; tableaux, ameublemens, marbres, bronses; tout sera flateur pour un roi. Helas! comment pourra-t-il sauver sa vertu de tant de flateurs dont il est comme envelopé! Il n'y a que l'étude continuelle de la sagesse qui puisse l'en garentir; il n'y a que l'amour qu'il aura pour la verité qui écarte ses flateurs; & qui soit poureux un sujet de desespoir:

Telle est l'idée qu'un sage roi se fait de la flaterie ; mais comme il n'est rien après elle qu'il ait dû plus appréhender que les choses qui nous paroissent tout à coup avoir je ne sçais quelle grandeur, & quel éclat, capable de nous émouvoir & de nous ébloüir. Un sage roi a compris de bonne heure, combien il lui est important de se faire une juste idée de la véritable grandeur ; puisque celle que nous en formons, quelle qu'elle soit, est capable quelquefois de nous porter à tout entreprendre pour la posse-

der. Cherchons donc ici l'i-
dée de la veritable grandeur
que s'eſt formée un roi que
la ſageſſe a dégagé de tous
les préjugez vulgaires, &
qui travaille ſans ceſſe à devenir parfait.

L'IDÉE

DE LA

VERITABLE GRANDEUR,

OU

De ce qui doit être estimé grand dans les actions des hommes.

LE vulgaire est le pere de la plûpart des erreurs qui se sont répanduës dans le monde. C'est lui qui altera tant de veritez connuës au premier homme, & qu'il avoit apprises à ses descendans;

descendans ; c'est lui qui obs-
curcit les veritables idées des
choses ; & qui faisant juger
de tout ses sens, & son imagination , prit l'apparence
pour la réalité, & confon-
dit le vrai avec le faux. Dans
la suite il fallut des Philosophes pour les démêler ; la
vie de l'homme fut trop cour-
te, disons mieux, l'esprit
humain fut trop borné pour
débroüiller tant d'erreurs.
En vain se consumoient-ils
dans l'étude des choses de la
nature ; jalouse, pour ainsi
dire, de ses secrets, elle ne
se montroit à eux que voilée.
Leurs recherches, leurs soins

curieux ne servoient souvent
qu'à augmenter leurs dou-
tes. Ceux-ci se faisoient quelquefois un mérite de soutenir
des opinions toutes contraires aux opinions que ceux-
là avoient déja embrassées ;
& à la honte de la raison,
chacun de part & d'autre
croyoit les défendre avec succès. Il n'est rien de si absur-
de qu'ils ne se soient effor-
cez de soutenir ; & pour dissiper les erreurs, ils sont
tombez dans de plus gran-
des. Depuis ce temps-là de
tous les mysteres de la nature, les hommes semblent
n'avoir appris qu'à en dispu-
ter.

Mais heureusement les vé-
ritez que l'homme recher-
che avec tant de curiosité &
si peu de fruit, ne sont pas
celles qu'il lui est le plus avantageux de connoître. Il est des
veritez pour lui bien plus
importantes qu'il peut découvrir, malgré tous les préjugez du vulgaire. Je parle
des veritez morales qui sont
dans le fonds de notre ame,
& que malgré notre corruption, nous ne pourront jamais entierement effacer.

Le vulgaire qui n'a pas
moins de défauts dans le
cœur que dans l'esprit; loin
de consulter ces veritez, qui

font comme autant de vives
fources de lumieres à la faveur defquelles il devroit fe
conduire, n'a écouté que fes
paffions déreglées. Ce qui
étoit pur il l'a corrompu,
ce qui étoit fimple il l'a avili.
Prévenu pour tout ce qui
flatoit fes inclinations viciəu-
fes, à combien de faux préjugez ne s'eft il point laiffé
féduire? Tout ce qui a eu
quelque éclat apparent l'a
ébloüi. Ainfi il a fait con-
fifter la grandeur dans les
richeffes, dans les dignitez,
dans la pompe, dans la réputation, dans les victoires.
Poffeder un grand empire,

fubjuguer des nations entie-
res, avoir des tréfors immenfes, faire trembler la terre
devant foi; voilà ce qui frappe, je ne dis pas feulement
le peuple, mais les grands
& les rois mêmes. Combien
y en a-t-il eu qui ont été
peuples fur ce fujet; & qui
ne connoiffant point d'autre
grandeur que celle dont nous
venons de parler, lui ont fa-
crifié leur repos & leurs vies.
Tant il eft vrai que les hommes fe laiffent emporter à
tout ce qui leur paroît
grand.

Mais fe peut-il qu'une intelligence immortelle, que

l'homme le plus parfait ouvrage du Tout-puiſſant, tire
ſa grandeur des êtres inani-
mez & périſſables? Dépoüil-
lons-nous de nos faux préjugez; élevons-nous au-deſſus de ces nuages que forment nos paſſions, & qui
obſcurciſſent les plus pures
lumieres de notre eſprit. Tâchons ici de nous faire une
juſte idée de ce qui eſt véritablement grand.

Lorſque je cherche en quoi
conſiſte la veritable grandeur; je ſens qu'elle eſt quelque choſe de ſi au-deſſus de
moi, qu'il y a même de la
grandeur à la connoître; &

que le fentiment qu'on en doit avoir tient lui-même du grand. Je n'en ay encore cependant qu'un fentiment confus, qui remplit mon ame de je ne fçais quelle nobleffe, & lui fait méprifer tout ce qui eft périffable. Profitons de ce moment, & confultons ces veritez que Dieu a gravées dans le fonds de nos cœurs.

Après avoir tâché de jetter quelque lumiere fur l'objet que nous voulons connoître; j'ai vû d'abord qu'il n'y avoit rien de veritablement grand que Dieu feul : devant lui tout difparoît, tout n'eſt que néant. Selon cette idéé il n'y auroit rien de grand parmi les hommes; la grandeur ſeroit inacceſſible, & ne ſe laiſſeroit pas même comprendre. Mais j'apperçois que tout ce qui eſt émané de cette grandeur ſuprême en porte une marque ſenſible : on la voit imprimée ſur tous ſes ouvrages. De cette ſorte tout cet univers eſt plein de grandeur. Mais il faut avoüer que la grandeur de Dieu ſe fait mieux remarquer dans les créatures qui approchent le plus de ſa reſſemblance. Or comme l'homme en eſt la

plus parfaite image ; on trouvera plus de grandeur en lui
que dans tous les autres êtres
de l'univers. Ceux-ci ne font
que des effets de la bonté, de la
fageffe, de la fécondité, & de
toutes les autres perfections
du Créateur ; mais l'homme
en eft la copie, en devenant
par elles, jufte, bon, libre,
fage. D'où nous concluons,
que cette grandeur où l'homme peut atteindre ne confifte
que dans la reffemblance
qu'il a avec la grandeur fuprême. Or il ne peut avoir
cette reffemblance que par
fes vertus ; il n'y a donc que
fes vertus qui puiffent le ren-

dre veritablement grand.

A cette idée toutes les grandeurs de la terre tombent & s'évanoüiſſent; elles deviennent d'autant plus mé-priſables qu'elles ſont le plus ſouvent contraires à la ver-tu. Mais comme Dieu ſeul voit le fonds de nos cœurs, lui ſeul auſſi connoît nos vertus lors niême que nous ne les exerçons pas. Pour nous, nous ne pouvons juger des vertus des hommes que par leurs actions. C'eſt auſſi ce qui doit nous paroître grand dans les actions des hommes que nous allons ici examiner.

Comme rien n'eſt grand de ce qui eſt médiocre, nous n'appercevons point de grandeur dans une action qui ne nous montre la vertu qu'en un degré de médiocrité. Le grand ne ſe fait ſentir que lorſqu'une action nous découvre l'attachement extraordinaire qu'un homme a pour la vertu. Or nous reconnoîtrons d'autant plus ce grand attachement pour la vertu dans les hommes, qu'ils ſurmonteront, ou qu'ils mépriſeront pour l'amour d'elle, de plus ſenſibles plaiſirs, ou de plus vives douleurs. Je comprends fous les noms de plaifiis & de douleurs, tous les biens & tous les maux de la natu- re & de l'opinion. Remar- quez par ce que nous venons de dire, qu'il n'eft pas ne- ceffaire que ces voluptez, ou ces douleurs nous flatent ou nous affligent; il n'eft pas neceffaire de lutter contre elles, & de les furmonter enfin par un genereux effort; il fuffit de les méprifer pour l'amour de la vertu; car ce noble mépris marque le fer- me attachement qu'on a pour elle.

Ainfi nous n'avons garde d'exclure les vertus qui viennent du temperamment ; ce qui feroit injufte, & contraire aux fentimens que nous éprouvons ; puifque nous ne laiffons pas de remarquer de la grandeur dans les actions de ceux qui étant nez avec d'heureufes inclinations, n'ont fait que les fuivre en méprifant les plus douces amorces des plaifirs, ou les plus vives pointes de la douleur pour l'amour de la vertu.

Nous donnerons cependant la préference à celui qui furmonte les plaifirs & les douleurs, fur celui qui les méprife. Non que nous puifsions assurer que le premier soit plus fortement attaché à la vertu que le second; mais c'est que nous sçavons que l'un s'attache à la vertu malgré les plaisirs & les douleurs, & que nous ne sçavons pas si l'autre auroit la force d'y résister, supposé qu'ils fissent une vive impression sur son ame. Ainsi l'un nous fait voir plus de penchant pour la vertu, nous découvrons plus d'attachement dans l'autre; ce qui est sans doute préferable. Celui-là nous montre les belles inclinations de son ame; celui-ci nous en fait remarquer la force. On peut dire que le premier ne fait que de petits facrifices ; mais c'eſt qu'il a peu de choſes à facrifier ; le ſecond n'en fait que de grands ; mais c'eſt qu'il a beaucoup à immoler. Tous deux cependant nous font voir le ferme attachement qu'ils ont pour la vertu ; & c'eſt uniquement ce qui nous fait trouver de la grandeur dans leurs actions.

Cela eſt ſi vrai ; que c'eſt ſouvent dans les plus petites choſes que la grandeur ſe fait remarquer davantage. Car par exemple, celui qui eſt prêt à mourir plûtôt que de dire un simple mensonge, nous paroît bien plus grand que celui qui aime mieux souffrir la mort que de trahir sa patrie. Ce qui vient de ce que le premier nous paroît plus étroitement attaché à la vertu, puisqu'il est prêt à tout souffrir plûtôt que de lui manquer dans les plus petites choses ; s'il y a quelque chose de petit dans ce qui est contraire à la vertu.

Que si dans une action même très-vertueuse, on ne surmonte, ou l'on ne méprise quelque plaisir, ou quelque douleur très-sensible ;

nous

nous dirons qu'il n'y aura
point de grandeur dans cette
action.. Ainfi par exemple,
fecourir un miférable lorfqu'on peut le faire fans de
grandes peines ; garder la foi
qu'on a promife, quoiqu'on
en reçoive quelque domma-
ge, ou qu'on foit obligé
pour cela de fe priver de
quelque plaifir ; c'eft pratiquer deux belles vertus, mais
ces vertus ne nous font rien
voir ici de grand que leur
origine : Il n'eft rien en ces
deux actions qui nous étonne ; qui nous ravifle, & qui
nous fafle reffentir ce plaifir
fi exquis, que ne manquent

jamais de causer en nous celles qui sont veritablement grandes.

Il n'y a que la fin que l'homme se propose dans tout ce qu'il fait, qui décide du mérite de ses actions, & qui puisse nous les faire estimer vertueuses. Car on peut se servir de la vertu pour parvenir à une mauvaise fin; mais disons que dès lors ce n'est plus une vertu, ce n'est qu'un vice pallié. Ainsi on peut fouler aux pieds la vanité par une vanité plus rafinée. Ainsi la plûpart des actions de Jules Cesar, depuis qu'il forma le dessein de tra-

hir fa patrie, n'auront rien
de grand felon nous, quelque grandes, quelque ver-
tueufes qu'elles puiffent paroître à des hommes préve-
nus, ou peu attentifs; parce
qu'il ne vifoit pas à la vertu
lorfqu'il fembloit la pratiquer. fa valeur, fa liberalité,
fa clemence, ne nous cau-
fent plus ce plaifir fi doux,
dès que nous refléchiffons;
qu'il ne fe fervoit de ces vertus, que pour ravir un jour
la liberté à fes propres con-
citoyens qui fe repofoient
fur fa foi.

Un méchant homme a be-
foin de plufieurs vertus pour

réuſſir dans ſes mauvais deſ_
ſeins. Il falloit que Catilina
eut du courage, de la fermeté, de la patience, pour tra-
mer ſa conſpiration. Le
* Poëte a eu raiſon de dire:
Et pour faire un grand crime,
il faut de la vertu. Ce n'eſt pas
que ces grandes vertus qu'on
exerce malgré les plus ſenſibles plaiſirs, & les plus ter-
ribles douleurs, ne nous
frappent, ne nous ſurpren-
nent tout à coup ; quoiqu'on
les pratique dans une mauvaiſe intention. Mais ſi-tôt que
nous conſiderons le crime
qui les ſuit, notre admira-

* *Corneille.*

tion est mêlée de je ne sçais quelle horreur. C'est un vif sentiment de la force, de la constance, & tout ensemble de la méchanceté de l'homme.

Je dis plus, nous ne trouverons jamais de la grandeur en celui qui ne s'attache à la vertu que par des motifs humains. La veritable grandeur a un caractere divin ; & tout ce qui est humain porte avec soi quelque chose de foible & de pauvre, lorsqu'on l'examine avec un esprit dégagé des passions. Ainsi surmonter les plus grandes douleurs ; résister à tout ce que les plaisirs peuvent avoir de plus séduisant ; pratiquer les vertus le plus heroïques ; mais ne les pratiquer que pour acquerir de la gloire ; c'est-à-dire, pour se faire loüer, pour se faire admirer des hommes ; ce n'est point atteindre à la veritable grandeur ; parce que ce n'est pas faire voir l'attachement qu'on a pour la vertu ; mais l'amour desordonné qu'on a pour les loüanges. C'est cet amour qui inspira aux Heros de l'antiquité les plus hautes entreprises ; qui leur fit soutenir avec tant de fermeté les caracteres les plus

difficiles; & qui les excita à
courir après l'apparence du
beau, que nous montrent les
actions qui ont plus d'éclat
que de solidité.

Des payens qui la plûpart
n'étoient vertueux que pour
le paroître, & qui par là faisoient peu de difference,
comme ils le disent eux-mêmes, d'une vertu cachée à
un vice secret, avoient besoin d'être excitez par l'a-
mour de la gloire. Qu'on la
vante tant qu'on voudra cette gloire, je conviendrai si
l'on veut qu'elle est un grand
bien dans le monde; mais je
ne fonderai jamais sur elle

cette grandeur que la vertu,
& la force de notre ame peuvent seules donner. Ainsi
qu'Alexandre entreprenne
les choses les plus étonnan-
tes pour l'amour de la gloire ; qu'il s'expose à mille
hazards ; qu'à l'âge le plus
agréable de la vie il abhorre
la molesse, il méprise les
voluptez, pour aller souffrir
les fatigues de la guerre, &
les rigueurs des saisons : je
ne trouve point en tout cela
cette grandeur qui doit être
appuyée sur un ferme attachement pour la vertu. Le
vainqueur des Perses a beau
s'écrier ; ô ! Atheniens que

de

de maux j'endure pour me
faire loüer de vous! J'admire fa fincerité; mais je ne
puis que le plaindre, loin de
trouver de la grandeur dans
fes actions. Il eft vrai qu'il
nous montre en mille en-
droits la force de fon ame:
il nous remplit d'étonne-
ment; mais il nous fait voir
fon attachement pour la
gloire, & non pour la vertu. Il regarde feulement celle-ci comme un moyen, &
l'autre comme la fin qui le
fait agir. Ainfi lorfque nous
ne chercherons que la gloire,
nos actions les plus éclatantes n'auront que les dehors

de la grandeur; & n'en feront, pour ainsi dire, qu'une vaine repréfentation.

Ce n'eft pas qu'on doive méprifer l'eftime que les hommes font de nous lorf-qu'elle eft fondée fur nos vertus : au contraire nous devons la regarder comme ce qui en eft une récompenfe. Ainfi il y a cette difference à faire, que tandis qu'il y a de la foibleffe à n'agir que pour s'attirer l'eftime des hommes; il y a de la vertu à conferver cette même efti-me. C'eft à caufe de cela que tandis que nous cachons l'a-mour que nous avons pour les loüanges ; & qu'il fied bien à ceux qu'on loüe d'être modeftes ; ceux qu'on accufe à tort, ont bonne grace de fe défendre, & de faire voir leur innocence. Cette eftime fondée fur nos vertus eft appellée honneur, réputation. Ainfi nous trouverons qu'il y a de la grandeur à furmonter, ou à méprifer les plus fenfibles plaifirs, & les plus vives douleurs, plûtôt que de rien faire qui puiffe juftement flétrir notre honneur, notre réputation.

Voilà l'idée qu'a un roi parfait des actions veritablement grandes. Il faut qu'on y remarque d'une part, la beauté de notre ame, qui méprife, ou qui furmonte les plaifirs & les douleurs; & de l'autre les beautez de la vertu, qui eft la fin que l'homme doit fe propofer. Ainfi lorfque nous admirons une action pleine de grandeur; c'eft la beauté de notre ame & de la vertu que nous admirons; & que cette action nous fait voir dans leur plus beau jour.

En voulant faifir cette grandeur dont je ne puis dépeindre le caractere que par des traits que je me hâte toûjours d'exprimer, de peur qu'ils ne m'échapent ; je crains de me suivre trop ; & de ne faire pas assez sentir ce que je sens. Nous sommes toûjours sûrs de réveiller en autrui les idées que nous avons des choses ; lorsque nous sommes attentifs à n'avoir que des expressions justes : mais nous ne sçavons pas toûjours si nos expressions y réveilleront nos mêmes sentimens ; parce qu'ils dépendent d'une trop grande diversité de cause. Néanmoins ce n'est gueres que par sentiment que l'on peut parler de la grandeur : il faut la sentir pour la bien connoître.

Il sera aisé cependant de comprendre par tout ce que nous avons dit, que les hommes ne peuvent jamais sçavoir sûrement si une action est veritablement grande ; puisqu'ils ne peuvent jamais être assurez de l'intention de celui qui exerce une vertu. Cela nous doit faire considerer deux choses : la premiere que nous ne devons pas entreprendre de faire quelque grande action pour nous attirer l'estime des hommes ; ne leur appartenant pas d'en être les juges. La seconde, que comme Dieu seul ne peut se tromper ; lui seul peut donner à nos actions la juste récompense qu'elles méritent.

Pour peu qu'on examine les divers jugemens des hommes sur les actions qu'ils voyent faire, quel étrange contraste n'y remarquera-t-on pas ? une même action paroîtra aux uns pleine de vertu, aux autres elle semblera vicieuse : on lui donnera enfin mille differentes interprétations. Quels divers jugemens les courtisans ne firent-ils point, lorsque le Maréchal de Fabert, * refusa l'Ordre du Saint-Esprit ?

* *Memoires de Bussi, tome. 3.*

R iiij

les un attribuerent ce refus à une vanité rafinée ; les autres dirent qu'il n'avoit refusé que par timidité & par bassesse ; plusieurs crurent que ce n'étoit que par politique. Ceux qui furent bien intentionnez, attribuerent ce refus à sa vertu & à sa candeur ; & c'est le parti que nous devons prendre de juger toûjours favorablement d'une action, lorsqu'on peut raisonnablement le faire.

Ces jugemens si opposez se font remarquer sur tout parmi les historiens ; car des mêmes actions d'un homme, celui-ci en forme un caracte-

re qui détruit le caractere
tout entier que celui-là en
avoit déja fait. L'un nous le
repréſentera comme un ſaint,
l'autre comme un fin politique qui ne cherche qu'à parvenir. Tous ces jugemens ſi
contraires lorſque les paſſions n'y ont point de part,
ne viennent que de ce que
les intentions de celui qui
agit nous ſont peu connuës;
& que les differens jours ſous
leſquels nous pouvons conſiderer une action, nous en
font juger tout differem-
ment.

Nous devons reconnoî-
tre par-là, que c'eſt être bien

dupe que de faire dépendre du jugement des hommes tout le prix de ses actions. Déplorons l'aveuglement de ces hommes illustres de l'antiquité, qui ont foulé aux pieds les plaisirs, qui ont supporté les douleurs avec une constance admirable pour faire parler d'eux magnifiquement dans les siécles à venir. Ils sont d'autant plus déplorables ; que la force de leur ame nous fait juger qu'ils auroient entrepris les plus grandes choses s'ils se fussent formé une juste idée de la veritable grandeur.

Considerons ici un moment le pouvoir que nos idées ont fur notre ame, & nous verrons que la nature même a quelquefois fur nous moins de force qu'elles. La nature a fouvent été contrainte de leur ceder ; puifque l'horreur qu'elle nous infpire pour la mort, s'efface felon les differentes idées qui fe préfentent à nous. Ainfi fe trouve-t il des hommes qui la vont chercher avec joye. Tel qui fuyoit devant l'ennemi retourne fur fes pas pour aller vaincre ou mourir. D'où vient cela ? une parole qu'il a entenduë ; quelque objet qu'il a vû ; je

ne sçais quoi qu'il s'est rap-
pellé, lui a offert une nouvelle idée qui l'a rendu tout
un autre homme. D'où vient
que Caton, pour se mieux
résoudre à la mort, voulut
lire un traité de l'immorta-
lité de l'ame ; c'est qu'il sça-
voit que pareille lecture ne
manqueroit pas de réveiller
dans son esprit, de vives
idées d'une autre vie, qui le
détacheroient de celle-ci.

Tout cela nous prouve
que nous devrions sans cesse
nous occuper de l'idée de la
veritable grandeur ; puisqu'elle est capable d'exciter
en nous de vifs sentimens.

Ce feroit ici le lieu d'échauf-
fer les cœurs ; mais je forti-
rois des bornes du fimple
traité. Je ferai parvenu à
mon but, fi je puis defabu-
fer de la fauffe grandeur ceux
qui en étoient le plus épris ;
& leur faire connoître en même temps la veritable.

J'ofe dire qu'il eft impoffible de ne la pas fentir, lorfqu'elle nous eft montrée dans
une belle action. On ne peut
fe dérober à l'impreffion
qu'elle fait fur nous : elle
nous frappe, nous émeut,
nous étonne, & nous fait
reffentir dans le fonds de
notre cœur, un plaifir pur

& délicieux bien different de
celui que fait naître en nous
l'idée de la fausse grandeur,
lequel ne s'éleve que du
fonds de nos passions.

Il n'est point de nation
au monde qui ne la sente la
veritable grandeur, lorsqu'ils
voyent une action veritablement grande. Les Sauvages
mêmes l'admirent & la respectent. Elle frappe, elle
étonne; parce qu'elle consiste à surmonter, ou à mé-
priser les voluptez & les douleurs ausquelles les hommes
vulgaires ne sont pas capables
de résister. Elle cause un plaisir pur & délicieux, parce

qu'elle eſt fondée ſur la vertu.
Car nous avons dans le plus
intime de notre ame un amour
ſecret de la vertu, lequel
ſe réveille à la vûë, ou au
récit d'une action qui nous
en montre les nobles caracteres. De-là ce plaiſir que
nous éprouvons dans la lecture d'une hiſtoire, où nous
voyons la vertu récompen-
ſée ; de-là ces vives émotions
ſuivies quelquefois de douces larmes qui nous échappent malgré nous ; lorſque
nous liſons quelque trait où
brille ce que la vertu a de
plus beau & de plus grand.
De-là cette peine interieure

que nous reſſentons, lorſqu'on nous repréſente la
vertu opprimée. C'eſt pourquoi ceux qui font des poë-
mes, comme ils doivent ſon-
ger à plaire ; ils ont pour regle de faire toûjours voir le
crime puni & la vertu ré-
compenſée.

D'où pourroit venir cet
amour ſecret que les méchans
mêmes ont pour la vertu ſans
qu'ils le ſçachent ? Ne ſeroit-
ce point que la vertu & notre
ame ſortent toutes deux d'u-
ne même ſource ; ou que
notre ame ayant été faite
pour la vertu, elle ſent un
plaiſir exquis, lorſqu'elle
apperçoit

apperçoit vivement l'objet qui peut former avec elle une harmonie si parfaite. Car c'eſt en vain que les méchans ſuivent leurs inclinations perverſes; elles les rendent plûtôt les eſclaves que les partiſans du vice. Malgré toute notre corruption les beautez de la vertu ſe feront toûjours ſentir à notre ame, dans une action où ſera renfermée cette grandeur dont nous avons décrit le caractere.

Ainſi il n'y a point d'homme pour méchant qu'il ſoit, qui ne reſſente un plaiſir ſecret de voir celui qui fait du bien à ſes plus cruels ennemis, dans le temps qu'il a une occasion favorable pour s'en venger. Il n'y a personne qui ne ressente une délicate satisfaction, d'entendre parler de celui qui a mieux aimé souffrir les plus rigoureux tourmens, plûtôt que de manquer aux droits d'une pure amitié. Tous les hommes éprouveront qu'il n'est rien de si doux que de voir un roi qui dans la plus vive jeunesse, foule aux pieds les plaisirs où cet âge est presque toûjours asservi, pour ne s'occuper que de ses devoirs.

Cela nous prouve que le sentiment de la vertu est dans

le fonds de notre ame, &
que c'eſt un ſentiment inné.
Ce n'eſt donc point l'opinion, ni la politique qui ont
établi la vertu parmi les hommes : car ſi elle étoit de leur
inſtitution , il arriveróit
qu'un Sauvage n'en auroit
aucun ſentiment, lorſqu'on
lui en parleroit pour la premiere fois ; & qu'elle lui pa-
roîtroit auſſi étrangere que
certaines loix & certaines
coûtumes des autres peuples.
Or dès qu'on parlera de la
vertu à un Sauvage, quand
même il n'auroit jamais vû
d'autres hommes ; il en trouvera d'abord dans ſon cœur

un secret sentiment: ce qu'on lui en dira s'insinuëra en lui, comme une verité claire & évidente. De sorte que la vertu n'est pas plus de l'institution des hommes que la verité. Tous les peuples de la terre ont naturellement l'idée du bien & du mal; ils connoissent qu'il y a des actions bonnes & d'autres qui sont mauvaises. Or peut-on avoir l'idée d'une bonne action si on n'a l'idée de la vertu?

Que si l'on insiste, & qu'on dise qu'il y a bien des hommes qui prennent certains vices pour des vertus, & qui regardent certaines vertus comme des vices ; & qu'ainsi ils n'en ont qu'une idée arbitraire. Je réponds que les faux préjugez & les passions peuvent empêcher les hommes de distinguer quelquefois les vices d'avec les vertus ; mais je dis qu'ils ont toûjours dans eux-mêmes un sentiment qui leur fait connoître qu'il y a des vertus & des vices.

La lumiere de la raison n'est pas plus naturelle à l'homme que l'idée de la vertu : & cette idée loin d'être une chimere, comme disent les impies, quoiqu'ils sen-

tent bien le contraire, est in-
séparable de l'homme. C'est
le sentiment qu'ils ont tous
de la vertu qui leur. cause
cette vive impression que
fair sur eux une action veri-
ritablement grande; car elle
éleve l'ame, & lui inspire en
même temps une hauté opi-
nion d'elle même, en lui faisant voir dequoi elle est capable. Elle se sent aussi-tôt
portée à imiter ce qu'elle admire; de sorte que toutes les
fois que nous voyons une
action pleine de grandeur,
nous nous sentons portez interieurement à en faire de
même. Il n'est point d'ame

affez barbare pour ne la point
fentir cette douce impreffion. Denis le Tiran, tout
tiran qu'il étoit, ne pût s'empêcher de fe fentir porté au
bien, lorfque Damon & Pi-
thias, ces deux intimes amis
fe difputerent à qui iroit au
fupplice, parce que l'un
avoit promis de payer de fa
vie propre, la vie qu'on de-
voit ôter à l'autre. Denis
également frappé de la fermeté, & de l'union des ces
deux hommes, qui fem-
bloient n'avoir qu'une feule
ame; donna la vie à tous les
deux, & leur demanda d'être
reçû pour troifiéme dans

une amitié si pure , & où brilloit un caractere de vertu si extraordinaire.

- Cela nous fait voir que la veritable grandeur entraîne tout ; qu'elle est superieure à tout ; & qu'elle a une force invincible. Fut - elle dans un esclave ; il paroîtra plus grand que celui qui possederoit toute la terre. Ainsi Diogene, quoique pauvre, nous paroîtra plus grand qu'Alexandre, si nous pensons que pour ne s'occuper que de la sagesse, il méprisa tous les biens dont ce conquerant pouvoit le combler. Il le sentit bien lui même

qu'il

qu'il y avoit de la grandeur dans ce mépris ; lorſqu'il dit que s'il n'étoit Alexandre, il voudroit être Diogene. Nous ſuppoſons que ce mépris eſt fondé ſur la vertu, & non ſur une vanité qui eſt elle même très mépriſable. La grandeur ſe trouve donc dans tous les rangs, parce que la vertu eſt de tous les états.

Il eſt vrai que les rois ſont dans la ſituation la plus avantageuſe, pour pratiquer ce qu'il y a de plus grand ; parce qu'étant flatez par les plaiſirs les plus ſéduiſans, ou que pouvant eſſuyer de plus

grands revers que les autres
hommes; il est plus difficile alors de ne pas succom-
ber & de s'attacher avec fermeté à la vertu. Enfin, c'est
qu'ayant un pouvoir absolu,
il dépend souvent d'eux d'e-
xecuter les plus grands desseins.

Voilà l'idée que se forme
un roi parfait de la veritable
grandeur. Mais après l'avoir
montrée si digne de notre
admiration, & de notre
amour; il est naturel maintenant de chercher les moyens
de l'acquerir.

DES
MOYENS D'ACQUERIR
LA
VERITABLE GRANDEUR,
OU
De ce qui peut nous porter au grand.

L'Orſqu'on s'eſt formé une idée de la veritable grandeur, on ſe trouve d'autant plus porté au grand que l'idée qu'on s'en eſt faiǀe eſt plus vive & plus ſenǀible. Il s'agit donc de nourǀir dans notre eſprit, non

une idée abſtraite qui n'é
meuve point notre ame
mais une de ces idées fortes
qui font naître en nous de
vifs ſentimens. Pour cela il
faut s'entretenir ſans ceſſe
de la veritable grandeur ; s'é-
lever au-deſſus des faux préjugez du vulgaire ; étouffer
toutes ces paſſions qui du
côté du cœur nous confon-
dent avec lui, & qui com-
me de ſombres nuages déro-
bent à notre ame ces jours
ſereins ſi propres à contempler la verité avec tant de
délices ; à découvrir les beautez de la vertu ; à ſe convaincre de la vanité des choſes
périſſables.

Mais le moyen le plus efficace pour atteindre à la veritable grandeur, c'eſt de s'attacher à cette grandeur ſouveraine dont toutes les autres ſont dépendantes. C'eſt donc à Dieu que nous devons fortement nous attacher. Plus nous nous unirons à lui, & plus les ſources de la grandeur nous feront ouvertes. Il ſe ſert néanmoins de divers moyens naturels pour nous appeller au grand ; & c'eſt ceux-là que nous avons deſſein d'examiner icy.

L'exemple eſt celui qui me paroît le plus puiſſant & le

plus conforme aux inclinations de l'homme. Il est si
naturellement porté à l'imi-
tation, qu'il ne voit presque
rien faire qu'une impression
secrette, dont souvent il ne
s'apperçoit pas faute d'attention, mais qui n'est pas
moins réelle, ne l'invite à
en faire de même. Un grand
mouvement produit un
grand mouvement des es-
prits animaux dans le specta-
teur : à chaque instant qu'il
voit agir, il agit interieurement de même quoique son
corps paroisse immobile; tout
ce qu'il voit se passe en lui.
Il ne faut donc pas douter

que la vûë de toutes ces actions qui ont le veritable caractere de la grandeur, n'agite les esprits animaux de maniere que nous nous sentons
portez à en faire de même.
Mais quoi, devons-nous imiter ainsi les autres machina-
lement? Expliquons-nous;
notre ame est mûë machina-
lement, je l'avoüe; mais sa
volonté est toûjours libre;
servons-nous des ressors qui
l'inclinent vers la vertu; lorsqu'elle s'y attachera, elle aura toûjours l'honneur du
choix & de la liberté.

Le récit, quoiqu'il ait
bien moins de force que l'ac-

tion, ne laisse pas d'exciter
en nous de grands mouve-
mens, par le moyen de cette
puissance de l'ame qui lui représente les images des choses sensibles, & qu'on nomme pour cela l'imagination.
Ainsi tout ce que nous entendons dire des autres hommes, fait d'autant plus d'impression sur nous, que ce
qu'on nous dit est grand
& extraordinaire.

Il est aisé de voir par-là
qu'on sentira naître en soi
une secrette disposition au
grand, toutes les fois qu'on
lira avec attention les plus
beaux traits de la vie des

grands hommes. Mais com-
me les actions éclatantes en-
levent aifément notre admiration ; il faut prendre garde de ne point fe laiffer
éblouïr à celles qui n'ont
qu'un faux brillant. Pour cela il eft neceffaire de ne perdre jamais de vûë l'idée de
la veritable grandeur ; & de
n'admirer aucune action ,
qu'après avoir examiné fi
elle eft marquée au coin de
la vertu. Que rien ne nous
paroiffe grand , qu'autant
qu'il fera conforme à la veritable grandeur , & qu'il
pourra fe foûtenir devant l'i-
dée que nous nous en fom-

mes faite. Que les noms de
tant d'hommes illustres ne
nous imposent point ; que
leur memoire réverée depuis
tant de siécles ne corrompe
jamais notre jugement ; &
souvenons-nous toûjours,
qu'ils n'ont rien fait de grand
quelque force d'ame qu'ils
ayent fait paroître, s'ils ont
cherché la vaine gloire.

Ce n'est pas que les noms
d'Alexandre, d'Annibal, de
Pyrrhus, de Cesar, ne soient
de grands noms qui remplis-
sent l'esprit d'une idée confuse de grandeur ; ils peuvent élever notre ame ; mais
il faut qu'elle en demeure-là ;

& il feroit très-dangereux de prendre ces hommes illuftres pour modeles. En effet, que penferoit-on d'un Prince qui ébloüi du merveilleux qu'il trouveroit dans la vie d'A-lexandre, feroit réfolu de l'i-miter dans toutes fes actions : dans quels excès, dans quel aveuglement ne fe précipite-roit-il point ?

C'eft un choix bien déli-cat que celui qu'on fe fait d'un héros. On ne confulte quelquefois que fon pen-chant, & l'on prend pour fon modele, celui dont les paffions favorifent & fem-blent juftifier celles qu'on a.

Alexandre choisit Achile pour son modele, parce que l'humeur boüillante & impetueuse de ce héros s'accommodoit avec la sienne. Nous devrions au contraire nous choisir celui dont les vertus attaquent directement nos mauvaises inclinations. Ainsi ceux qui sont fiers, aigres, violens, emportez, devroient prendre pour leur modele, celui qui par sa douceur & sa moderation, a joüi de ce plaisir si doux que goûte une ame qui se possede, & qui se fait aimer. Les ambitieux, & les avares, devroient se choisir celui qui a été gene-

reux, defintereffé, & qui fça-
chant que c'eft la trop grande étenduë de nos defirs
qui nous rend pauvres &
malheureux, s'eft attaché à
les moderer, afin de poffeder beaucoup. Mais fur toutes chofes, il eft neceffaire
de remarquer qu'il ne faut
pas en toutes rencontres imiter les belles actions des
grands hommes. Ce qui étoit
bon en un temps, peut être
mauvais en un autre; ce qui
a réuffi une fois, ne réuffit
pas toûjours; parce que le
fuccès dépend fouvent de
certaines fituations qui
échappent à nos connoiffan-

ces. Toute vertu ne convient pas également en toute occasion. Ce qui est déplacé, fut-il d'ailleurs excellent, perd aussi-tôt tout son prix. Il faut une certaine convenance qu'apportent le temps & le lieu, sans laquelle les choses les plus parfaites deviennent très-imparfaites. Ainsi c'est toûjours la sagesse qui doit diriger nos vertus , & non notre humeur & nos saillies.

Ce n'est pas que je veuille blâmer ce qu'un noble transport peut nous faire entreprendre de grand & de genereux. Je sçais que ce que

bien de grands hommes ont
fait de plus héroïque, ils
l'ont dû souvent à un beau
transport. C'est l'effet d'un
sentiment vif & prompt, qui
faisissant notre ame avec force, l'éleve au-dessus de son
état ordinaire, & lui fait
executer ce qu'elle n'auroit
jamais pû faire si elle avoit
toûjours demeuré dans son
assiette. De sorte que ceux
qui sont le moins portez à
faire de grandes choses, exe-
cuteront quelquefois à la faveur d'un beau transport,
ce qu'il y a pour eux de plus
difficile. Mais il faut cependant que l'ame soit toûjours

la maîtresse d'arrêter le transport dont elle est saisie ; car
autrement il pourroit nous
mener plus loin qu'il ne faut ;
& tout excès même dans la
vertu est vicieux. Nous devons regarder les transports
comme un présent de la nature, qui devient bon ou
mauvais selon l'usage que
nous en faisons. Ils nous
élancent vers la vertu, ou
nous précipitent dans le
vice.

Il est dangereux de lire
l'histoire si l'on n'apporte
beaucoup de soins à démêler
les bonnes actions d'avec les
mauvaises. L'histoire est un
mélange

mélange du bien & du mal, & nous les confondons souvent l'un l'autre selon notre penchant faute de refléxions. Cette lecture ne doit que fournir la matiere sur laquelle l'esprit doit s'exercer. Il est vrai que les livres d'histoire ont cet avantage sur les livres de politique & de morale; que nous instruisant par des exemples, ils frappent, ils convainquent plus les esprits ordinairement, que ne font des maximes séches & abstráites. Les préceptes directs choquent secretement notre vanité; les exemples nous laissent l'hon-

neur de la refléxion, & flatent notre amour propre autant que les préceptes le rebu-
tent. Nous n'aimons pas naturellement à entendre celui
qui dogmatise ; il nous fait
trop sentir sa supériorité. Les
exemples sont des préceptes
muets, mais vifs & délicats
tout ensemble, qui font
leurs effets quelquefois sans
que nous nous en apperce-
vions : ce sont des instructions qui sont représentées,
si j'ose parler de la sorte. En
un mot dans l'exemple on y
trouve un discours entier ;
c'est-à dire, qu'il s'explique,
qu'il nous convainc, qu'il

nous touche, nous émeut, & nous montre ce que nous devons faire.

Ce n'est pas qu'en eux-mêmes les préceptes ne soient pleins de force pour ceux qui goûtent la verité simple. Heureux qui n'a besoin seulement que de l'entendre pour la connoître, & pour la suivre; mais la plûpart des hommes ne conçoivent bien & ne goûtent de même que ce qu'ils voyent, ou que ce qui peut se représenter à l'imagination. Ainsi il est toûjours plus sûr generalement, de toucher par les exemples que par les préceptes.

Au reste, dans la lecture de l'histoire un roi y trouve souvent cette satisfaction qu'il est instruit par d'autres rois : ce seront même ses ayeux qui le solliciteront par leurs exemples On lit la vie de ses ancêtres avec plus d'amour & d'interêt que celle des autres hommes : c'est-là le sang qui parle, peut-on ne le pas écouter ? Qui peut lorsqu'il a consideré les belles actions de ses ayeux, n'être point excité à les imiter, ou ne point rougir du peu de soin qu'il a de leur ressembler ?

C'est donc un puissant

moyen dont se sert un sage roi pour s'entretenir dans le grand, que de penser à la valeur, à l'équité, à la sagesse, à la pieté, & à toutes les autres vertus de ses ayeux. Il est vrai que cette pensée qui produit des effets merveilleux dans un esprit bien fait, est capable de gâter entierement celui qui se laisse éblouïr aux idées de la vanité : mais voici comme un sage roi se sent porté à la veritable grandeur en pensant à ses ancêtres. Il les considere d'abord comme s'ils avoient tous les yeux sur lui, & s'ils étoient attentifs à tout

ce qu'il fait. Il se met fortement dans l'esprit qu'ils attendent de voir en lui un
digne successeur ; & que son
illustre origine ne servira
qu'à le rendre plus méprisable, s'il la dément par d'indignes actions. Il pense souvent qu'il porte la même
couronne que ces ayeux ont
porté sur leurs têtes ; qu'il
les représente tous ; & qu'ils
revivent en lui. Alors il ne
peut sentir autre chose, si ce
n'est que d'avoir de grands
rois pour ayeux, c'est être
chargé de donner au monde
une image vivante de leurs
vertus.

Mais ce n'est pas feule-
ment les belles actions des
grands hommes qui élevent
notre ame ; leurs beaux fentimens ne contribuent pas
moins à nous remplir d'une
vive idée de la grandeur. Les
hiftoriens ont recuëilli avec
autant de foin les belles paroles que les belles actions des
hommes illuftres. Un avantage que les fentimens ont fur
les actions, felon la remarque
d'un * ancien ; *c'eft qu'ils*
n'ont pas befoin de la fortune
pour être exprimez. Combien
s'eft-il trouvé de perfonnes
à qui les occafions ont man-

* *Plutarque.*

qué pour faire quelque chose qui méritât le nom de
grand? Quelque remplie d'é-
venement divers qu'ait été
la vie d'un héros, il ne s'est
jamais montré tout entier ;
il n'y a que ses sentimens
qui puissent nous faire connoître tout ce qu'il a été.
Mais il faut que les vertus
acréditent les sentimens ; car
on ne concevroit que du
mépris pour celui qui se pi-
queroit de n'avoir que des
sentimens héroïques ; tandis
qu'il les démentiroit par ses
actions. C'est lorsque les vertus d'un Prince nous assurent
de la sincerité de ses genereux

reux fentimens, que nous trouvons en ce qu'il dit tous les effets de la veritable grandeur. Nous fommes frappez, émûs, étonnez ; fes paroles nous font admirer & la nobleffe de fon ame, & les beautez de la vertu tout enfemble. Ces grands fentimens que nous lifons, ou que nous entendons prononcer, nous les fentons auffi-tôt dans notre cœur. Ainfi nous pouvons par la lecture recevoir une habitude à fentir des chofes grandes & de la plus fublime vertu. Si l'on ne s'apperçoit pas d'abord du progrès que l'on fait, on

X

s'en apperçoit dans la suite.
Ces sentimens s'entretien-
nent, se nourrissent dans le
fonds du cœur, & se mani-
festent enfin.

Au reste, un sage roi se
souvient toûjours que ses sujets n'attendent de lui que
des paroles dignes d'être conservées. Tout ce qu'il dit en
présence de ses courtisans,
est retenu & répeté mot pour
mot, & sert long temps d'en-
tretien à ses sujets. C'est ce
qui l'oblige à faire toûjours
attention à ce qu'il va dire,
afin de ne rien dire qui ne
soit digne de lui. Mais il est
assuré que ses belles paroles

n'auront de force qu'autant qu'elles feront foutenuës par les vertus. Lorfque le vice veut parler le langage de la vertu, tout ce qu'il dit eft froid, eft forcé; on le laiffe tomber auffi-tôt. Ce que la vertu prononce, touche, intereffe, perfuade, & paffe de bouche en bouche.

On voit par tout ce que nous avons dit, combien eft propre à nous porter au grand la lecture de l'hiftoire, lorfqu'on fçait diftinguer le bon d'avec le vicieux. Mais il faut avoüer que ces ouvrages où l'on employe d'aimables fictions en faveur de

la verité ; où l'on écarte tout
ce qui peut corrompre les
cœurs, & où tout respire la
pure vertu, sont encore bien
plus propres que l'histoire à
nous porter au grand. Les
beaux sentimens qui y re-
gnent, la maniere dont les
instructions y sont apprê-
tées, & dont tous les évenemens y sont concertez,
fait que l'ame n'a qu'à suivre ce qui la touche pour se
sentir mener à la veritable
grandeur. Enfin la lecture
en general est plus necessaire aux rois qu'au reste des
hommes ; parce que la verité
timide se cache, & n'ose s'ap-

procher de leur trône. Où
pourront-ils la trouver ? dans
les bons livres ; c'eſt-là qu'elle ſe réfugie.

Si pour nous porter au
grand il eſt bon de penſer
ſouvent aux belles actions
des hommes qui ont été illuſ-
tres ; il eſt évident que la
peinture & la ſculpture nous
ſont d'un grand ſecours pour
nous remettre devant les
yeux , non ſeulement les
portraits des grands hom-
mes ; mais encore leurs plus
belles actions. L'hiſtoire repréſente à notre eſprit tout ce
qui s'eſt paſſé ; mais la peinture nous rend ſpectateurs ,

comme si la chose se passoit actuellement devant nos yeux. Ainsi un sage roi qui a soin de nourrir son esprit dans le grand, considere avec attention les portraits, & les belles actions des grands hommes que la peinture & la sculpture lui offrent. Le choix des circonstances, la force des expressions, le feu & la vie que les habiles Peintres sçavent jetter dans leurs tableaux, ne peuvent manquer de nous émouvoir.

Un roi qui aspire à la veritable grandeur, se dit à lui-même en regardant fixement les portraits de ces rois

ſi dignes d'être admirez :
Voilà ce grand Prince dont
les belles actions depuis plus
de deux mille ans font les
délices de tous ceux qui les
conſiderent. Tous les hommes ont toûjours eu pour lui
une véneration extraordinaire. Ce ſont ſes vertus qui
l'ont rendu ſi recommanda-
ble ; car toutes les choſes du
mondes ne ſçauroient procurer une gloire ſi pure. Voici
ce grand roi qui alliant ſi
bien la valeur & la pieté,
nous fait également admirer
en lui le ſaint & le héros.
C'eſt ici ce Prince qui dans
la plus vive jeuneſſe fut mo-

deré, chaste, judicieux, &
n'eut du goût que pour ce
qui nous mene à la vertu.
La beauté de son ame sem-
ble reluire sur son visage.
Ces refléxions, aidées de la
vûe de celui qu'on admire,
ne peuvent manquer de faire
une vive impression sur notre ame. C'est ainsi que Jules Cesar en voyant le por-
trait d'Alexandre, se sentit
si ému, qu'il ne put s'empêcher de verser des larmes,
de n'avoir rien fait encore
de mémorable en un âge où
Alexandre avoit déja con-
quis toute la terre. Cesar
avoit une fausse idée de la

grandeur ; mais nous n'avons égard dans.cet exemple, qu'à la forte impreſſion que font ſur nous les choſes que la peinture expoſe à nos yeux.

Je n'ai garde de prétendre par tout ce que je viens de dire, que nous ne devions nous porter au grand que par émulation, & n'être vertueux que parce que les autres l'ont été. Ce motif ſeroit purement humain, & l'on n'arriveroit jamais par là à la veritable grandeur. Mais c'eſt que les grandes actions en nous montrant les beautez de la vertu, nous invitent à en faire de semblables pour l'amour d'elle.

Outre la peinture & la sculpture, la musique encore est très-propre à élever notre ame, & à lui faire concevoir de grands desseins. Les trompettes & les tambours nous réveillent, nous animent & jettent dans nos cœurs je ne sçai quoi de fier & de noble qui convient à la vertu militaire. Les differens instrumens, & les differens caracteres des airs, excitent en nous divers mouvemens dont on peut se servir pour se porter à la grandeur : mais il faut avoir soin de bien regler ces mouvemens ; autrement ils pourroient nous difpofer à des paffions dangereufes, & il y a cette difference à remarquer que les nobles effets de la mufique s'évanoüiffent prefque toûjours avec l'harmonie, & que les mauvaifes impreffions qu'elle fait fur nous, fe confervent quelquefois durant long temps.

Enfin, on peut dire encore que les fêtes, les fpectacles, certains évenemens extraordinaires, les grandes joyes & les grandes douleurs, peuvent nous porter au grand. Mais aussi toutes ces choses peuvent nous jetter dans le désordre, si nous n'en faisons un bon usage ; c'est-à-dire si nous ne déterminons vers le bien , les mouvemens qu'elles excitént dans nôtre ame ; car tout nous tournera à mal lorsque nous serons livrés à nos passions. La veritable grandeur fuira loin de nous, si nôtre esprit est toûjours attaché à la terre, & à tout ce qui frappe nos sens.

Ce qui est un obstacle pour arriver au sublime dans le discours selon Longin , est précisément ce qui nous em-

pêche de rien faire qui mérite le nom de grand. Il eſt
bon de rapporter icy les paroles de ce Rhéteur : *ſi-tôt*
qu'un homme, dit-il, oubliant
le ſoin de la vertu, n'a plus
d'admiration que pour les choſes
frivoles & periſſables, il ne ſçau-
roit plus lever les yeux pour
regarder au deſſus de ſoi, ni
rien dire qui paſſe le commun.
Il ſe fait en peu de temps une cor-
ruption generale dans toute ſon
ame ; tout ce qu'il avoit de no-
ble & de grand ſe flétrit & ſe
féche de ſoi-même, & n'attire
plus que le mépris. Si nous ne
pouvons alors dire de grandes choſes, combien à plus

forte raison serons nous peu
en état d'en faire !

Au reste ce qui relâche
nôtre ame, & lui ôte cette
force & cette vigueur necessaire pour executer quelque
chose de grand, c'est principalement l'amour de la volupté, & de la molesse. On
a remarqué qu'à mesure que
les hommes ont aimé les plaisirs des sens, ils ont dégé-
neré, & toute leur grandeur
d'ame s'est évanoüie. Tels
ont été les Romains ; tandis
qu'ils foulerent aux pieds les
molles délices, ils furent
toûjours portés au grand :
c'étoient des ames hautes,

fermes , & genereuſes , ſur leſquelles le devoir avoit plus de pouvoir que la nature. Mais dés que l'amour du luxe , & de la volupté , commença à ſe gliſſer dans leurs cœurs ; leur courage s'amolit peu - à - peu ; & ils s'abandonnerent enfin à toutes ſortes de vices. Cela n'eſt pas arrivé aux Romains ſeulement ; les Grecs, les Perſes, les Egyptiens , & preſque tous les autres peuples au commencement avoient de la grandeur d'ame;& ils ſont tombez peu-à-peu dans toutes ſortes de vices , par l'amour de la ſenſualité.

La nature quoique cor-
rompuë semble laisser à
l'homme un fond pour le
grand. La plûpart de ses mauvaises inclinations, ce n'est
pas toûjours la nature qui
les lui a données, elles ne
sont venuës en lui qu'après
qu'il s'est dénaturé, si j'ose
ainsi dire. Je me confirme
dans cette opinion lorsque
je vois que les Sauvages ont
une force d'ame extraordinaire, jointe à certaines vertus qui attirent autant nôtre étonnement que nôtre
estime. Ils nous montrent
une constance, une fermeté
dans les douleurs qui nous
effraye ;

effraye ; une fidelité, & un amour pour leurs maîtres que la vûë des perils & de la mort ne peut balancer. J'avoüe que leur vertu a de la rudesse, qu'elle est farouche & défectueuse, parce qu'elle est mal dirigée ; mais on remarque toûjours en eux cette force d'ame qui est necessaire pour faire des actions véritablement grandes. Qu'on transporte quelques-uns de ses Sauvages dans quelque grande Ville de l'Europe, où regnent le luxe & la molesse, c'est-à-dire où ce que la nature nous donne de force

& de vertu , eſt étouffé par des ſentimens que cette premiere nature ne nous donne point ; mais que des mœurs corrompuës nous inſpirent Alors on verra que ces ames ſi rigides & ſi vigoureuſes, s'affoibliront inſenſiblement ; plus ils frequenteront d'autres hommes , moins ils auront de fermeté dans ces vertus qui qui leur étoient ſi naturelles.

Mais ne nous engageons pas plus avant ; & après avoir parlé des moyens naturels que Dieu qui s'accomode à nôtre foibleſſe veut

bien nous donner pour nous
porter à la veritable grandeur ; revenons à cette fource immenfe d'où découle
toute autre Grandeur : & difons que tous fes moyens
font bien foibles, comparés
à ceux qu'il nous offre dans
la Religion Chrêtienne. L'i-
dée de la veritable grandeur
s'y dévelope d'abord d'elle-
même ; ce qui eft grand , ce
qui eft petit, s'y voit dans
fon point de vûë : & il fuffit de bien entrer dans l'efprit de la Religion pour fe
fentir élevé au grand. C'eft
elle feule qui divinife nos
vertus, & qui leur donne

cette excellence que n'a-
voient point les vertus des
Payens, lesquelles n'étoient
simplement que morales.
Puisque c'est dans la Religion
Chrêtienne que la Grandeur
coule de source ; c'est donc à
elle que nous devons fortement nous attacher, si nous
voulons parvenir à la véritable Grandeur.

QU'IL Y A QUELQUE
forte de grandeur dans les talens de l'efprit.

APrès avoir trouvé qu'il n'y a point de véritable grandeur que dans la vertu, je n'ai pas laiffé de fentir encore je ne fçais quoi de grand dans les talens de l'efprit : c'eft à-dire, dans tout ce qui nous montre fa haute intelligence, fa vive pénetration, fes fublimes lumieres. Tâchons d'en découvrir ici la caufe, & de reconnoître qu'elle eft cette forte de grandeur.

Pour cela il faut se ressou-
venir que nous avons dit
que l'homme ne pouvoit être
veritablement grand que par
la ressemblance qu'il avoit
avec la grandeur suprême,
& qu'il ne pouvoit avoir
cette ressemblance que par
ses vertus. Il est vrai qu'en
un sens tous les hommes
sont créez à l'image de Dieu;
parce que de même que Dieu
connoît, & qu'il veut; ainsi
l'homme veut & connoît;
quoique d'une maniere très-
foible, & très-imparfaite.
Mais cette connoissance &
cette volonté ne font sa véritable grandeur, qu'autant

qu'il les-tourne vers le bien.
Une volonté, & des con-
noiſſances employées pour
le mal, font au contraire la
dégradation de l'homme :
alors ſes lumieres ſont dé-
teſtables ; & quelque extraordinaires qu'elles ſoient, nous
n'y trouvons aucune gran-
deur ; parce qu'elles ne nous
-font rien voir de vertueux.
Qui a plus de lumiere que
les démons ? cependant ils
ne nous inſpirent que de
l'horreur. Ainſi lorſque nous
diſons que l'homme eſt l'i-
mage de Dieu ; ce n'eſt qu'autant qu'il ſe ſert de ſes con-
noiſſances & de ſa volonté

libre, pour s'attacher à la
vertu. Or comme la volon-
té de l'homme est iɩfini-
ment plus noble que son entendement; puisque ce n'est
que par elle qu'il peut avoir
quelque mérite; sa veritable
grandeur doit venir de sa
volonté, & non de ses connoissances. Mais si nous faisons abstraction à sa volonté, & que nous ne confide-
rions que ses lumieres; alors
nous sentirons une espece
de grandeur qui nous tou-
chera d'autant plus, que ces
lumieres exprimeront plus
parfaitement la source éternelle de toute lumiére. De

sorte

forte qu'on sent je ne sçais quoi de divin dans les hautes connoissances de l'esprit. L'homme semble presque par là toucher à la divinité; & notre ame appercevant les veritez les plus cachées & les plus sublimes, est comme transportée de connoître sa propre beauté, & son excellence. Dans la veritable grandeur, on est touché des beautez de notre ame & de celles de la vertu : dans les talens de l'esprit on n'est touché que de cette beauté de notre ame qui vient de ses connoissances. Mais il faut remarquer que les beaurez de notre ame peuvent flater notre orgüeil, & que les beautez de la vertu ne peuvent que nous attirer à elle.

Il est si vrai que ce sont les beautez de notre ame dont nous sommes frappez, qui constituent cette sorte de grandeur que nous remarquons dans les talens de l'es-prit ; que nous ne trouve-rons nulle grandeur dans les talens où l'esprit n'a point de part ; quelque utiles, & quelque estimables qu'ils puissent être ; telle qu'est la dexterité des mains, pour faire cer-tains ouvrages, & l'adresse

du corps, pour danfer, courir, monter à cheval, &c.

Je croi que ce que je viens
de dire fe fait affez fentir de
lui-même. N'ayant donc pas
befoin de convaincre, il feroit inutile d'apporter des
preuves pour fortifier notre
fyftême. Il fuffit de dire
maintenant que l'idée que
nous nous fommes faite de
cette forte de grandeur qui
fe trouve dans les talens de
l'efprit; eft l'idée que s'en
forme un roi parfait. Par là il
cultive fes talens, & il les
fait fervir à la vertu. Mais il
ne fuit point certains attraits
pour quelque talent que ce

puisse être ; lorsqu'il aliene ses occupations les plus importantes. Y fut-il vivement appellé par la nature, il abandonne tout ce qui ne tend point à le rendre plus parfait : & il néglige tous les talens qui n'ont point de rapport avec ses fonctions. Ainsi se sentit-il les plus belles dispositions pour la Poësie, pour la Peinture, pour les Mathématiques ; il ne veut être ni Poëte, ni Peintre, ni Mathématicien. Il est néanmoins amateur des sciences & des beaux arts : il en fait même quelquefois le sujet de ses récréations.

Mais il sçait qu'il n'y auroit nulle grandeur pour un roi, à être par exemple un grand Astronome.: ce seroit ici une qualité déplacée, & il faut que nos vertus avec notre état conservent une juste harmonie. Le Roi & le Mathématicien sont deux caracteres si differens qu'ils me paroissent se détruire. Les qualitez necessaires à un roi sont immenses & effrayantes pour celui qui les connoît bien. Un roi pourroit il donner à l'astronomie toute l'application qu'elle demande. de nous ; tandis que mille devoirs l'appellent, & qu'il doit regler les affaires du dedans & du dehors de son royaume. N'est-ce pas assez pour lui de toute la terre, & pourroit-il se prêter à plusieurs mondes ?

Il n'en est pas ainsi de ce qu'on appelle belles Lettres ; un sage roi les cultive avec soin, parce qu'elles ont beaucoup de rapport avec ses devoirs, & qu'elles doivent le rendre plus parfait. C'est pourquoi nous ne craindrons pas de dire qu'il est homme de lettre. J'entends par là qu'il possede l'histoire, & qu'il tire des moindres évenemens, des refléxions judicieuses qui marquent sa droite intelligence, sa vive pénetration, sa profonde capacité. Nous dirons qu'il a cette éloquence qui entraîne les esprits ; & qu'il n'ignore rien enfin de ce qui peut servir à le faire regner heureusement.

Joignons à cela l'estime singuliere qu'il a pour les hommes de lettres. Il prend plaisir à les avoir auprès de lui : il les anime, il les excite par ses bienfaits, & sur tout par la bienveillance dont il les honnore. Tantôt c'est un Scipion qui veut être suivi par tout d'un Ennius :

tantôt c'est un Auguste qui aimant les délices de l'esprit, converse avec un Virgile, un Horace, ou un Tite-Live. Il est ordinaire qu'un grand roi attire les beaux esprits à sa Cour. Veut-il donner une fête ? il faut des balets, des carrousels, des devises, des emblêmes : les plaisirs délicats demandent toûjours quelque chose d'ingenieux. Ainsi les personnes de lettres sont à la Cour, ce que sont les fleurs en un festin ; la Lyre d'Apollon dans l'assemblée des Dieux, & ce que font les Couronnes en un jour de triomphe. Voilà l'a-

gréable ; mais ils y entrent
auſſi pour l'utile : inſcrip-
tions , médailles , hiſtoires ,
éloquence , négociations :
c'eſt là le triomphe des Lettres.

Quoiqu'on puiſſe dire à
leur avantage, il faut convenir que les ſciences & les
arts ſont d'une utilité plus
conſtante. Si vous ôtez les
belles lettres du monde,
vous en ôtez les agrémens,
le goût, l'élegance, les charmes, & le pouvoir de la parole; mais ſi vous en ôtez
les arts & les ſciences, vous
y verrez regner l'horreur, la
miſere l'injuſtice & l'hereſie.

Les peuples languiront sans commerce, les Villes n'étaleront de toutes parts que les effets de l'oisiveté & de l'ignorance. Pour preuve de ce que je dis, on n'a qu'à se représenter l'état où étoit la France aussi bien que tous les autres Pays de l'Europe avant le quinziéme siecle.

Rendez au monde les sciences, & les beaux arts. Aussi-tôt tout est embelli ; tout prend une nouvelle face ; le séjour de la terre devient plus doux & plus gracieux ; les vastes campagnes se fertilisent, & l'on voit briller les fleurs, où l'on ne voyoit auparavant que des ronces & des épines. Ici l'art femble fe venger de la nature ; & la force d'obéïr aux volontez des hommes , & d'offrir à leurs befoins ce qu'elle leur refufoit. On fait tirer mille avantages des chofes qu'on regardoit auparavant comme inutiles. Là mille nouvelles machines paroiffent ; & l'on invente , ou l'on perfectionne. On fait travailler pour nous tous les élémens. Si les plus beaux ouvrages d'éloquence , d'hiftoire & de poëfie, font aujourd'hui entre les mains de tout le monde ; c'eft à l'art de multiplier l'écriture que nous en sommes redevables.

Que ne dirons-nous point de ses bâtimens magnifiques qui feront toûjours l'admiration de tous les peuples. Ici le ciseau d'une main sçavante anime le marbre & le bronse ; & la peinture par une imposture agréable & ingenieuse, nous fait prendre l'image pour la realité. De tous costez la mer porte des vaisseaux pleins de richesses immenses, qui viennent des extremi z de la terre Le Pilote s'ouvre des routes assurées là où on ne voit aucune trace : les étoi-

les lui fervent de guides ; &
à leur défaut une aiguille ne
ceſſe de lui montrer la route
qu'il doit tenir. Il lute contre les tempêtes ; & ſon art
lui aprend à ſurmonter les
efforts de la mer, toute im-
perieuſe & toute épouven-
table qu'elle eſt. Enfin tout
ſe prête à nos beſoins, à nos
commoditez & à nos plaiſirs.
Pour preuve de ce que je
dis ; on n'a qu'à conſiderer
tout ce qui s'eſt fait en France & dans les principales
Villes de l'Europe depuis
les deux derniers ſiecles.

On voit bien qu'un ſage
roi qui connoît l'importan-

ce des sciences & des beaux
arts , n'oublie rien pour les
faire fleurir dans son royaume. Il établit de sçavantes
Académies qu'il visite quelquefois lui-même , pour animer les génies , & répandre
en eux ce feu divin qui les
échaufe & qui les éclaire.
Ses bienfaits vont chercher
les sçavans jusques sous les
Poles. Ainsi par ses soins les
sciences se perfectionnent ;
& un siecle devient toûjours
plus éclairé que l'autre.

Il n'est pas si aisé de con-
server la veritable éloquence & la belle poësie. Elles
dépendent d'un certain goût

fin & délicat qui se perd, &
que l'inconstance des hommes, ou je ne sçais quelle fa-
talité, ont toûjours fait changer. Il n'a pas regné deux
siecles dans l'ancienne Grece:
parmi les Romains à peine
a-t'il été transmis à un second âge.

Les sciences sont fondées
sur des principes irébranla-
bles, que l'on pose comme
les fondemens d'un édifice
sans lesquels tout tombe en
ruine. L'éloquence & la poësie sont fondées sur des principes plus generaux, & qu'on
ne peut jamais apliquer dans
toutes sortes de circonstan-

cès que par le bon goût.
Mais il faut avouer que ce
bon goût est quelque cho-
se de si délié, de si subtil,
& de si délicat, qu'on ne
doit pas s'étonner s'il échape, & si l'on a de la peine
à le fixer.

De combien de sorte de
mauvais goût, le François
naturellement inconstant,
n'a-t'il pas été passionné
avant que d'atraper le bon
goût ? il seroit à craindre que
l'amour du changement & :
de la nouveauté, ne le lui
fissent bien-tôt perdre ; si cette célebre Académie, dont
notre jeune Monarque si bien
　　　　　　　　　instruit

inſtruit aux belles lettres eſt protecteur, n'avoit fixé pour toûjours en France le bon goût, comme elle l'y a fait naiſtre. Vainement le peuple mépriſera ce qui eſt correct, pour donner ſes ſuffrages au faux bel eſprit : les déciſions de cette illuſtre Académie , à laquelle Apollon a promis ſon infallibilité comme il l'avoit promiſe autrefois à ſes Oracles , prévaudront toû- jours , & le bon eſprit ſe conſervera quelque dépravé que ſoit le goût du peuple.

Mais qu'eſt-ce que ce bon eſprit, ce veritable eſprit qui eſt toûjours le même. C'eſt

ce qui n'est pas aisé à démêler. Tout le monde par-
le de l'esprit ; la plûpart en
sont charmez, & tâchent
d'en faire paroître, sans qu'ils
sçachent dans le fond ce que
c'est, & en quoi il consiste.
S'il faut dire ici ce que je
pense de ce qui s'apelle véritablement avoir de l'esprit ;
après plusieurs réflexions
que j'ay faites là dessus ; voici
quel est mon sistême.

SISTEME

DE L'ESPRIT.

L'Esprit est une enigme à lui-même ; il est superieur à ses connoissances ; & il ne sçauroit se définir. Mais si l'homme ne peut connoître la nature de son esprit, il en sent vivement les effets : ses productions nous touchent, nous ravissent ; & il me semble qu'on peut connoistre en quoi consistent leurs beautez toutes

spirituelles qu'elles font ; &
aprendre par là, non ce que
c'est que l'esprit ; mais du
moins ce que c'est que d'a-
voir de l'esprit.

Je ne renfermerai point
mon sujet dans la Sphere
du bel esprit , lequel consiste à penser d'une maniere
qui cherche plutôt à plaire
qu'à faire voir la force &
l'étenduë de la raison. Je
veux examiner ce qu'on doit
entendre par avoir de l'esprit
dans sa signification abso-
lüe : ensorte que le caractere
de toutes sortes d'esprits ,
soit renfermé dans l'idée
que je veux donner de l'esprit.

Bien des gens n'en con-
noiſſent point d'autre que
celui qui brille. Cependant
ces ouvrages où l'on dévelope avec tant de netteté les
queſtions les plus épineuſes ;
ces meditations profondes
d'un rare génie, qui découvre les conſequences les plus
éloignées de leurs principes,
n'ont rien quelquefois de
brillant ; ce ſont neanmoins
les ouvrages de l'eſprit les
plus exquis, les plus rares,
les plus eſtimez des connoiſ-
ſeurs.

Ce ne ſeroit pas grand
choſe dans le fonds que l'eſprit, s'il ne ſe reduiſoit qu'à

penser agréablement : tout
ce qui est utile dans la vie
lui devroit être préferé, Mais
quoi, n'y auroit-il de l'esprit
que pour les Poëtes, & pour
ceux qui ne cherchent qu'à
plaire ? Il se trouve des personnes d'ailleurs, d'un tré-
bon sens , qui ne font pas
beaucoup de cas de l'esprit ,
s'imaginant qu'il ne consiste qu'à dire de jolies choses.
Ils estiment un homme d'un
jugement droit , d'une raison saine , qui pénetre dans
les affaires , & qui va tou-
jours au solide. Voilà, ce
qu'on doit estimer selon eux,
ils ont raison vraiment : mais

qu'eſt-ce que ce jugement,
cette raiſon, cette pénetration ? ſi ce n'eſt l'eſprit qui
juge, qui raiſonne, qui pénetre. Donnons donc à l'eſprit une ſignification plus
étenduë ; & diſons que s'il
n'eſt pas aſſez eſtimé dans
le monde, c'eſt qu'il n'eſt
pas aſſez connu.

En effet, un homme court-
il après les équivoques &
les jeux de mots ; une fem-
me eſt-elle d'agréable humeur, un enfant eſt-il vif
juſqu'à l'étourderie ? C'eſt
auſſi-tôt de l'eſprit. Que
ſçais-je enfin ; veut-on faire
a croire à bien des gens qu'on

a de l'esprit ; il suffit quelquefois de se piquer d'en avoir, & de décider de tout.

La trop grande envie que chacun a d'en faire paroistre, cause le déreglement que nous venons de remarquer. Traçons ici si nous le pouvons une idée de l'esprit qui lui fasse plus d'honneur, au hazard de le faire trouver plus rare.

Quand je veux considerer ce que c'est que l'esprit ; je m'aperçois qu'il en est comme de ces choses dont nous croyons avoir des idées claires lorsque nous ne les examinons pas ; mais que nous convenons ne connoistre que confusément

confusément, quand nous
voulons les regarder de près,
& les aprofondir. On dit
tous les jours, c'est un homme d'esprit : un tel a de l'esprit infiniment : mais je doute
qu'on entende bien ce qu'on
veut dire. Avoir de l'esprit,
c'est une chose qui se fait
bien sentir ; mais lorsque je
veux la saisir, elle me fuit,
ou elle m'échape.

Quand je distinguerai l'esprit d'avec le jugement ; &
que je dirai avec un Auteur
Anglois * ; que l'esprit consiste à assembler des idées, &
à joindre avec une agréable

* M. Locke.

varieté, celles en qui ont peut
observer quelque ressemblance,
ou quelque raport, pour en faire
de belles peintures, qui diver-
tissent & qui frapent agréablement l'imagination. Et que le
jugement consiste au contraire,
à distinguer soigneusement une
idée d'avec un autre ; je ne ren-
contrerai point ce que je
cherche. Je veux trouver une
idée simple, à laquelle le
caractere de tous les esprits
puisse se réünir ; & l'on me
fait voir ici l'esprit & le jugement comme oposez ; en
sorte qu'il semble que l'esprit ne doit point se trouver là où est le jugement.

L'esprit même y est renfermé dans un caractere particulier de bel esprit, qui est celui qui s'attache aux similitudes & aux allusions.

* Dire que *le jugement est comme le fonds de la beauté de l'esprit : que l'esprit est comme un diamant qui a du corps & de la consistance ; & que ce n'est à le bien définir que le bon sens qui brille.* Ce n'est là qu'une définition du bel esprit. D'ailleurs elle renferme des idées qui sont trop composées, & le *bon sens qui brille,* ne donneroit pas à tous les hommes une idée assez pré-

____
* *Entretiens d'Ariste & d'Eugene.*

cife. Je cherche une idée si simple, qu'elle aille jusqu'à ce qu'il y a de premier dans les productions du bon esprit.

Comme rien n'est plus simple ni plus étendu que le vrai ; qu'il est l'objet de tous les esprits ; & que sans le vrai ils ne pourroient rien produire de raisonnable : je dirai que l'esprit consiste dans la connoissance du vrai. Mais quoi ! là où l'on remarque de l'esprit, il y a toûjours je ne sçais quoi qui plaît, & qui surprend ; & tout vrai ne produit pas semblables effets. D'ailleurs ce n'est pas avoir de l'esprit que

de connoître le vrai , lors
que quelqu'un nous le dé-
couvre,comme nous le prou-
verons dans la ſuite. Je dirai donc , que l'eſprit conſiſte à découvrir par ſoi-mê.
me , c'eſt-à-dire par la ſeule
attention, un vrai qui plaît,
& qui ſurprend. Quand je
dis qui plaît & qui ſurprend,
j'entends qui doit plaire, &
qui doit ſurprendre les perſonnes d'eſprit : car les plus
belles & les plus délicates
productions de l'eſprit , ne
touchent point les perſonnes
groſſieres , & peu éclairées.
il faut remarquer encore que
les eſprits d'un ordre ſupe-

rieur, font moins furpris du vrai qui ravit quelquefois les autres : parce que ces premiers ont de grandes con-noiffances. Il fuffit que ce vrai leur caufe une furprife douce, qui ne laiffe pas de produire en eux un agréable fentiment. Plus ce vrai leur caufera de plaifir, & de fur-prife, plus il renfermera d'efprit. La promptitude avec laquelle on connoît ce vrai, fait ce qu'on apelle la vivacité de l'efprit.

Je me fers du mot de vrai, & non de celui de verité : car je diftingue ici l'un de l'autre. Le vrai eft ce qu'une

raison saine & droite confirme ; ou ce à quoi elle ac-
quiesce. Il est le principe,
l'objet & le caractere de la
raison ; la verité est le caractere de Dieu seul. ce n'est
pas qu'elle ne soit quelquefois le fruit que produit la
connoissance du vrai. C'est
toûjoursàlaide du vrai qu'on
démontre la vérité. Il en est
comme le canal ; mais il n'y
conduit pas toûjours. Nous
sçavons qu'elle est ; nous ne
sçavons pas toûjours où elle
est. Le vrai au contraire doit
regner par tout ; il se fait
d'abord sentir ; la droite raison le saisit ; & ne peut le
B b iiij

méconnoître, sans cesser d'ê-
tre raison. En un mot, ils
font entr'eux un si harmo-
nieux accord, qu'ils sem-
blent n'être qu'une même
chose.

Mais il faut se ressouve-
nir que nous avons dit que
tout vrai ne cause pas la surprise & le plaisir. Il est un
vrai commun, qui n'émeut
point nôtre ame ; il se presente d'abord à tous les esprits loin de se faire chercher. C'est un vrai qu'on découvre avec la seule lumiere
naturelle ; & qui est necessaire pour être raisonnable.
Ce vrai est la source de tout

autre vrai. Si loin que l'esprit pousse ses connoissances, il les doit à ce premier vrai, qui est le principe de tous les autres. C'est ainsi qu'un vrai en fait souvent connoître un second ; & que par des principes simples & generaux, on découvre dans l'Algebre, & dans la Géometrie comme par degré; ce que l'esprit n'auroit pû d'abord reconnoître. Enfin c'est dans ce vrai qui se presente à tous les hommes, que consiste ce qu'on apelle le sens commun, & ce principe de raison qu'on voit avec plaisir se déveloper dans les enfans.

Mais il n'eſt gueres d'hommes d'un certain âge, qui n'aillent pas plus avant dans le vrai. L'uſage de la râiſon, l'experience, & l'activité ſeule de l'eſprit, le rendent plus pénetrant. Car comme l'eſprit n'eſt jamais oiſifs dans ces hommes mêmes qui ſemblent ne penſer jamais ; il découvre lui ſeul par l'uſage, un vrai qui naît naturellement de ce premier, & quelquefois un troiſiéme qui naît du ſecond.

Ce n'eſt pas qu'il n'y ait un vrai qui plaît qui ſurprend, & qu'on prendroit néanmoins pour ce vrai qui s'offre à tout le monde. On est surpris de ne l'avoir pas connu auparavant. Ce vrai dépend d'une certaine liaison d'idées, qui semblent se suivre naturellement ; mais qu'un esprit net, joint à un beau naturel, peut seul découvrir.

Cependant si l'homme est attentif à former des raisonnemens justes ; s'il cultive sa raison par l'étude ; s'il écoute ceux qui ont une grande connoissance du vrai; son esprit s'ouvrira, se formera : car il a cela de commun avec le corps, qu'il se fortifie par l'exercice. Je ne

dis point qu'il deviendra excellent;puisque les esprits ex-
cellens sont si rares.Maiscom-
me le médiocre, presque en
toutes choses, est ce qu'il y a
de plus ordinaire; on voit
communément qu'une per-
sonne qui cultive son esprit,
a une connoissance du vrai
qui paroît très-grande par raport aux hommes grossiers ;
mais qui est médiocre à l'é-
gard de ceux qui ont l'esprit
excellent.Car ordinairement
il n'aperçoit le vrai que jusqu'à une certaine distance,
pour ainsi dire, & comme il
est audessus du commun,il ne
manque jamais de plaire. Ce

n'eſt pas que ceux qui ſont dans le mediocre, ne s'élevent quelquefois juſqu'à ce vrai qui ſemble n'être reſervé que pour les plus excellents eſprits Mais ils n'y demeurent pas long-temps. Ç'eſt quelquefois une heureuſe ſaillie d'un eſprit qui ſe ſurpaſſe : c'eſt une échapée de lumiere, ſi j'oſe parler de la ſorte, qui l'éclaire pour quelques momens à travers l'obſcurité. S'il veut pénetrer plus long-temps dans ce vrai, il ne le trouve plus, il s'égare même quelquefois, juſqu'à ce qu'il revienne dans ſa Sphere. Cet état eſt l'état d'un grand nombre de perfonnes , qui n'ont pas tous precifément la même étenduë d'efprit ; mais qui l'ont néanmoins en un dégré , qui n'eſt point trop au deſſus ni au deſſous du médiocre.

Il y a un troifiéme état , & c'eſt le plus rare. C'eſt l'état de ceux qui découvrent le vrai que les efprits médiocres ne peuvent connoître par eux-mêmes. Lorſque ceux-cy fe trouvent arrêtez , les autres s'avancent avec fermeté dans le vrai ; parce qu'ils le voyent encore diftinctement ; ce font des aigles dont la vûë perçante

ne se laisse point éblouir. Si
je compare l'esprit à la vûë,
je me ferai peut-être mieux
entendre.

Les personnes qui n'aper-
çoivent point les objets un
peu éloignez, qui ne voyent
que ce qui est sous leurs
yeux, qui font presque tout
en tâtonnant , & qui ne
voyent seulement que pour
se conduire ; representent ces
hommes qui n'ont que le
sens commun ; qui ne con-
noissent que le vrai qui se
presente à tout le monde.
Les autres qu'on peut mettre au rang des gens d'esprit ;
mais qui ne suivent que de

loin ceux de la premiere claf-
fe ; nous les comparerons
aux perfonnes qui voyent
diftinctement tous les objets
qui ne font point trop éloignez ; mais qui ne voyent
que confufément au-delà
d'une certaine portée. Là les
plus grands objets com-
mencent pour eux à fe con-
fondre ; & les petits leur
échapent.

Enfin ceux qui font du
premier ordre ; je les com-
parerai aux perfonnes qui
ont la vûë excellente ; c'eft-
à-dire étendüe & fubtile ;
enforte qu'ils aperçoivent
les objets qui nous fuyent,

qu'ils

qu'ils diſtinguent parfaitement les choſes que les autres
ne font tout au plus qu'entrevoir : & qu'il n'eſt point de
ces tours d'adreſſe qui impo-
ſent aux yeux, qui ſoient aſſez prompts, & aſſez ſubtils
pour les tromper. Ainſi les
eſprits excellents découvrent
ce qui eſt caché pour les autres hommes ; ils diſtinguent
avec netteté ce qui eſt pour
les autres confus, obſcur,
& comme dans l'ombre : ils
voyent le ciel, la terre, &
toutes les choſes, enfin ſoit
ſpirituelles ou ſenſibles ,
d'une maniere bien differente
de celle dont les autres les

voyent & les considerent.
il semblent qu'il s'est crée
pour ceux-là un monde nouveau. Ce que nous pensons
être d'une telle maniere ,
leur paroît souvent sous une
face toute differente : s'ils en
parlent , ou s'ils en écrivent,
ils nous frapent , ils nous
élevent , & ils nous découvrent ce qui ne se feroit jamais montré à notre esprit.
Ils nous dévelopent le vrai
qui demeuroit caché en
nous : & notre ame éton-
née de connoître ce qu'elle
avoit toûjours ingnoré , se
trouve comme ravie de sentir que ce vrai étoit dans

elle. Et c'eſt peut-être ce qui
a fait dire à un Philoſophe ;
* *que nos ames étoient naturel-*
lement ſçavantes ; & que dans
nos études nous ne faiſions que
déveloper les notions confuſes
que la nature avoit miſe en nous.

Mais ſi l'eſprit ne conſiſ-
qu'à découvrir par ſoi-même
un vrai qui cauſe le plaiſir
& la ſurpriſe ; pourrons-nous
ramener à cela ſeul , cette
diverſité ſi grande de génies,
qui ſe font remarquer dans
routes ſortes de ſciences & de
litteratures ? à cela ſeul pourrons-nous reduire tout ce qui
ſe dit, & tout ce qui ſe fait

* *Platon.*

avec esprit? oüi sans doute,
& sur quoi l'esprit pourroit-
il s'exercer, s'il ne s'exerçoit
sur le vrai; & que produiroit-
il sans lui? mais dira-t'on, le
vrai qu'on découvre dans les
sciences quoique profond,
ne cause pas ce plaisir &
cette surprise agréable, que
produisent toûjours en nous
ces pensées brillantes & in-
genieuses, qu'on remarque
dans les ouvrages du bel esprit. Je dis que le vrai qu'on
découvre dans les sciences,
ne touche pas tout le monde; parce que tout le monde n'est pas capable de le sentir. Le vrai peut plaire par

fa folidité & fa profondeur,
bien plus encore que par fon
brillant. Mais prenez garde
d'ailleurs que dans les fciences on cherche prefque toûjours les penfées les plus fimples ; & que c'eft à l'aide du
vrai fimple, qu'on y découvre à la fin ce vrai qui nous
caufe la furprife & le plaifir.
L'ordre même & l'arrange-
ment font des fuites de la connoiffance de ce vrai, qui eft
la fource de toute beauté.

On ne doit raporter tou-
te cette grande difference des
efprits, qu'à la difference du
vrai qu'ils découvrent. Car
quoique le vrai foit un, en

tant que vrai ; on peut en
remarquer de trois sortes ,
qui toutes néanmoins se ré-
duisent à l'unité. Le vrai de
pur entendement , le vrai
que l'ame connoît par le
secours de l'imagination ,
& le vrai qu'elle connoît à
l'occasion de ses sentimens,
ou de ses modifications. Examinons ce vrai que nous ap-
pellons de pur entendement,
ou de pure raison , parce que
l'esprit le reconnoît sans le secours de l'imagination, ni du
sentiment. Je ne dis pas néanmoins qu'il le connoisse par
lui-même ; car il ne connoît
jamais rien, que dis-je ! il

n'apperçoit jamais rien que
par l'entremife de fes idées.
C'eft fur ce qu'elles nous ex-
pofent que nous portons notre jugement. Les idées dont
nous avons befoin pour connoître fe refufent-elles à notre efprit? nous voila arrêtez,
& incapables d'apercevoir le
vrai. Quelque idée s'offre-
t-elle à nous, nos perceptions
commençent alors : en rece-
vons-nous un grand nombre
de vraïes, de claires, de diftinctes, & de conformes au
fujet que nous voulons examiner ; alors notre ame a
tout ce qu'il lui faut pour
connoître, juger, raifonner.

distinguer, comparer ; & le vrai qui nous étoit caché, se dévelope à nous. De sorte que nos idées sont comme l'essence & le principe de nos pensées.

Il faut que ces idées soient vives, & qu'elles se presentent à l'esprit avec ordre, & avec netteté : car si elles sont confuses ou trop foibles ; l'esprit n'aura qu'une connoissance également foible, ou confuse. Il faut un certain nombre d'idées faites les unes pour les autres, & qui aillent à une même fin ; pour former un raisonnement, juste.

Ce

Ce n'eſt que la difference
des idées, qui fait toute la
diverſité des opinions qu'on
remarque parmi les hommes.
Nous penſerions tous de même, ſi nos idées l'étoient
auſſi. C'eſt pour cela qu'afin
de ranger une perſonne à
notre ſentiment, nous tâ-
chons de lui communiquer
toutes nos idées, telles que
nous les avons; parce que
nous ſommes perſuadez que
par là, elle penſera comme
nous. Selon ce principe; les
eſprits ne different les uns des
autres, que par les idées.
Ainſi un grand génie n'eſt
different d'un ſtupide que

parce que le premier a un nombre prefque infini d'idées juftes, lumineufes, vives, diftinguées : & que le fecond en a peu de juftes, & de liées les unes avec les autres : encore font-elles foibles, confufes & obfcures. L'obftiné n'a qu'un petit nombre d'idées ; mais elles font auffi fortes & vives, qu'elles font fauffes. L'efprit léger n'a que quelques idées qui fe fuccedent les unes aux autres, & qui fe détruifent : elles fe prefentent ainfi à lui tour à tour. Celui qui eft indéterminé à plufieurs idées differentes ; mais qui le frapent toutes également.

Or ces idées ou elles se presentent à l'esprit par sa seule attention ; ou bien se sont les personnes qui nous enseignent qui les font apercevoir à notre esprit. C'est une question à proposer ici, si un homme qui auroit une grande connoissance du vrai, le plus beau, le plus surprenant ; mais qui ne la posse- deroit que parce qu'on la lui auroit montrée, seroit véri- tablement homme d'esprit. Ceci regarde ces personnes qui sçavent de fort belles choses ; mais qui ne sçavent que ce qu'on leur a apris.

Il me semble qu'on ne peut dire qu'un sçavant n'ait pas de l'esprit, quand même il n'auroit apris que ce que d'autres lui ont enseigné. Car enfin, se peut-il qu'un homme ait tant de belles connoissances ; qu'il se soit long-temps apliqué, exercé, sur des matieres qui ouvrent l'esprit, & lui donnent de la facilité à découvrir le vrai qui plaît & qui surprend ; & qu'il ne le découvre jamais par lui-même. Cela me paroit difficile. Mais puisque nous suposons la chose ainsi; je ne craindrai pas d'avancer, que selon notre sistême, on

ne doit point dire qu'un
homme ait de l'efprit, quand
il auroit apris tout ce que
les autres hommes ont fçu.
L'efprit confifte à agir, & à
avoir par fa feule attention
des idées qui plaifent & qui
furprennent. Le fçavant que
que nous fupofons eft agi,
fi j'ofe m'exprimer de la forte, & au lieu que les autres
cherchent des idées pour
connoître le vrai ; celui-ci
à befoin du vrai pour avoir
des idées. C'eft un efprit
paffif, qui ne fait que recevoir le vrai qu'on lui offre ;
ainfi que le miroir où ne
s'impriment jamais d'autres

objets que ceux qu'on lui
presente. Quelque facilité
qu'un homme ait à com-
prendre ce qu'on lui ensei-
gne ; nous dirons qu'il a
l'entendement net, la con-
ception vive & aisée, la memoire heureuse ; mais toute sa capacité, & toutes ses
belles connoissances, ne nous
feront jamais dire qu'il ait
de l'esprit, s'il ne trouve jamais de lui-même ce vrai qui
touche & qui surprend. L'entendement ne suffit pas non
plus que la memoire ; celle-
cy garde les mots & les images, celui-là reçoit les idées :
mais tous deux ne font que

recevoir ; & feuls ils ne pro-
duifent jamais rien.

Cependant comme nous
l'avons déja dit , il n'eft
gueres poffible qu'un homme fçavant ne découvre par
lui-même quelque chofe qui
frape & qui plaife. Il faut
même remarquer qu'il eft
peu de fçavans , qui n'ayent
de l'efprit dans les fciences
aufquelles ils fe font apli-
quez. Il s'en trouve plufieurs
qui fur certaines matieres
qu'ils ont étudiées , effaçent
les plus grands efprits : mais
hors de là, ces hommes qui
fe faifoient fi admirer , ne
font plus les mêmes , lors

qu'on les met sur d'autres sujets : & l'on est surpris de leur trouver d'ailleurs l'esprit si borné.

Il en est d'autres qui ont besoin de méditer long-temps pour trouver un vrai qui touche & qui surprenne. Mais comme l'esprit ne consiste que dans la connoissance ; nous dirons que ceux qui ont de la vivacité, n'ont par dessus les autres qu'une connoissance plus prompte. Le vrai de pur entendement donne quelquefois beaucoup de peine à trouver. L'homme accoûtumé à voir, & à sentir, ne peut qu'avec effort faire usage de sa raison sans s'acrocher, pour ainsi dire à la matiere. C'est ce que nous allons examiner, en parlant du vrai que l'esprit découvre par le moyen de l'imagination.

J'avoüe que l'imagination est souvent pour l'homme une source d'égaremens & d'erreurs. c'est elle quelquefois qui fait nos plaisirs & nos peines, nos craintes & nos esperances. C'est elle qui nous fait voir les choses absentes ; qui nous rend present le passé & l'avenir. C'est elle qui trouble le repos des hommes ; qui les inquiete, qui les emporte, qui les jouë, qui les féduit. C'est elle enfin, qui fait les infenfez , & les athées plus infenfez encore.

Mais lors que je la confidere d'un autre côté ; je vois que c'est l'imagination qui contribuë à former les beaux efprits ; qui donne de l'aptitude pour les arts, du talent pour les mathematiques , du naturel pour les belles lettres C'est elle qui donne l'invention, le génie, & l'anthoufiafme : purs dons, d'autant plus reverez , que l'art ni l'étude ne fçauroient nous les acquerir. C'eſt-elle enfin, qui nous tourne quelquefois vers la religion ; & qui anime notre foi & notre zele.

L'imagination eſt donc tantôt une bonne, & tantôt une mauvaiſe choſe. D'où peut venir ce contraſte ? ſi l'on y prend garde, on verra qu'il vient de ce que l'imagination eſt tantôt eſclave, & tantôt maîtreſſe de la raiſon. L'imagination eſt une folle, une aveugle, qui ſe broüille, qui s'égare, ſi elle n'eſt conduite par la raiſon. La raiſon toute ſeule eſt ſouvent ſêche & auſtere ; mais il faut qu'elles ſe prêtent leurs charmes l'une à l'autre : ou plûtôt, il faut que l'imagination toûjours sujette à la raison, ne s'occupe qu'à la soûtenir, qu'à la rendre plus aimable. Ce sont des atours, des ornemens, & des graces, dont il faut qu'elle orne sa souveraine. Mais elle ne doit point employer de fard : la raison ne veut que des embelissemens naturels ; car c'est une beauté sévere, qui ne sort jamais des regles étroites de l'honnête bienséance. L'imagination est comme une fille qui n'est sage que lors qu'elle est avec celle qui veille sur sa conduite ; hors de là , c'eſt une libertine qui s'échape , & qu'on ne retient qu'à peine. Tout cela nous montre qu'il faut que l'imagination ſoit ſous le joug de la raiſon ; & que celle-ci ſoit la maî-treſſe & la ſouveraine. La rai-ſon ſeule doit regner.

Mais lors que l'imagina-tion a pris de bonnes habi-tudes , que la raiſon l'a acoûtumée à obéïr ; qu'elle la tourne où elle veut : alors cette volage montre plus de regularité dans ſa conduite : elle ne va que juſ-que où la raiſon lui permet d'aller ; elle ne s'arrête qu'-

aux objets que la raison avouë. Celle-ci l'envoye, pour ainsi dire, & lui donne une honnête liberté. L'imagination après s'être répanduë sur divers sujets ; revient chargée de riches images, qu'elle presente à la raison, qui les examine pourtant, & les adopte, ou les rejette selon qu'elles ont plus ou moins de convenances avec elle. Toutes ces choses se passent quelquefois si rapidement, qu'elles sont comme instantanées.

Il est vrai qu'on abandonne quelquefois avec succès son imagination à une

heureuſe ſaillie, qui fait
d'autant plus de plaiſir; que
n'étant point l'ouvrage de la
prémeditation, elle exprime
le vrai avec plus de liberté & de naturel, que la raiſon ſeule, qui ſent quelquefois trop le choix & l'étude.

L'imagination bien re-
glée, eſt donc l'ornement
de l'eſprit. Fictions, tours
ingénieux, expreſſions heu-
reuſes, comparaiſons, allegories, figures, deſcriptions;
toutes ces choſes reſſortiſſent
d'elle. Je dis plus, il y a
un vrai qui ne plaît & qui
ne ſurprend que par le tour
& les ornememens que l'i-

magination lui donne. Ainſi
un vrai brut & ſimple, peut
devenir vrai vif & piquant.
Quoi de plus commun par
exemple , que ce vrai : nos
paſſions nous aveuglent. Il
n'eſt rien là qui nous ſur-
prenne , qui nous reveille.
Mais ſi nous diſons :
„ l'eſprit eſt la dupe du
„ cœur. Voilà un vrai que
l'imagination a aidé à le
tourner d'une maniere inge-
nieuſe.

Horace qui tire du tour
de l'imagination la plus
grande beauté de ſa Poëſie ;
veut-il exprimer à ſon ami,
qu'il le reverra au retour du
printemps

printemps : * il dit que *ce sera avec les Zéphirs & les premieres hirondelles.* Ce que la raison seule disoit étoit fade ; l'imagination y travaille-t'elle, il en naît aussi-tôt les fleurs & les agrémens. Quand la raison ne trouve qu'un vrai simple ; c'est à l'imagination de lui donner un tour agréable, lors qu'il est à propos d'employer les ornemens. Car il y a bien des occasions qui ne demandent qu'un vrai simple ; & où le tour le plus ingénieux de l'imagination gâteroit tout.

* . . Te dulcis amice revifet
Cum Zephyris, fi concedes, & hirun-
dine primâ. *Hor. epift.*

E e

La difference qu'il y a en-tre le vrai embelli par l'ima-gination, & le vrai de pur entendement; c'eſt que tour-nez celui-ci de la maniere la plus ſimple qu'il vous ſera poſſible ; s'il cauſoit aupara-vant la ſurpriſe & le plaiſir; il fera toûjours le même effet. L'autre au contraire s'il eſt réduit à l'idée & à l'expreſ-ſion la plus ſimple , perd toute ſa force , & toute ſa beauté Ce qui nous fait voir que le vrai qui tire toute ſa beauté du pur entendement; eſt beaucoup au deſſus de celui qui doit tous ſes char-mes à l'imagination.

On peut juger par ce que nous avons dit, qu'un homme qui n'auroit que la connoiſſance de ce vrai qui s'offre preſque à tout le monde, s'il étoit pourvu d'ailleurs d'une imagination riche & bien reglée, ne ſçauroit manquer de plaire, & d'être ce qu'on apelle communément un bel eſprit.

Mais ſi l'imagination orne l'eſprit, elle lui eſt encore d'une grande utilité : elle le ſoutient, le fixe, & le fortifie ; lors qu'il ſçait s'en ſervir à propos. De quelle utilité ne ſont point les figures dans les queſtions

les plus abstraites des Mathématiques : on sent le besoin
qu'on a de l'imagination ,
non seulement dans tous les
ouvrages de l'esprit ; mais
encore dans les ouvrages
d'esprit , même les plus Mé-
taphysiques. Il faut bien souvent que l'imagination offre
à l'esprit quelque objet materiel , qui lui represente
l'objet spirituel qu'il veut
examiner. Alors il est fixé ,
& il raisonne. Perd-t'il de
vûe cet objet materiel ? Voilà la raison en déroute, ou
en échec. Il faut que toute
confuse elle attende patiem.
ment que l'imagination dai-

gne revenir, pour lui montrer l'objet qui lui aide à
connoître ce qu'il y a de
plus abstrait. Combien de
fois la raison a-t'elle gémi
des absences humiliantes de
cette imagination volage.
Disons donc que dans les
raisonnemens les plus Mé-
taphisiques, l'imagination y
a plus souvent aidé qu'on
ne pense. Mais c'est toûjours
sous l'empire de la raison.
Celle-ci lui a imposé silence,
bien loin d'écouter sa voix,
ou de la consulter : & sça-
chant qu'elle est entachée de
mille erreurs ; la raison ne
s'en est servie, que comme

on se sert de machines pour construire un bel edifice, à la faveur desquelles il s'éleve ; mais qui n'ont point donné cette beauté, qui nous fait admirer l'ouvrage.

Il ne nous reste plus qu'à parler du vrai de sentiment. Je l'apelle ainsi, parce que notre esprit reconnoît ce vrai à l'occasion des afections du cœur, qui ne sont autres que des modifications de notre ame. Pour avoir cette connoissance, il faut premierement sentir. Mais tout de même qu'il y a des hommes qui n'aperçoivent que ce vrai qui se presente d'abord à tous les efprits ; il y en a auffi qui ne fentent que ce qui les frape. Ils ont befoin d'être heurtez, fi j'ofe ainfi dire ; ils ne fentent rien de tout ce qui ne fait que les éfleurer : bien loin d'éprouver ces fentimens déliez que reffentent les perfonnes délicates & attentives. Cependant il ne fuffit pas de fentir ; il faut encore connoître. Car le fentiment peut être feparé de la connoiffance. Une preuve de cela eft, que de deux perfonnes qui ont une même paffion également forte, & accompagnée des mêmes circonftances ; s'il

s'en rencontre un qui exprime tout ce que ſa paſſion lui
fait reſſentir dans le fond du
cœur ; il ſe trouve quelquefois que l'autre qui l'a écouté attentivement, lui répond:
je ſentois toutes choſes ſans
le ſçavoir, & ſans y avoir
jamais fait de reflexion.

Lors que nous ſommes
bien attentifs à tout ce qui
ſe paſſe en nous ; & que l'eſprit y jette aſſez de lumiere pour pouvoir le ſaiſir ;
nous l'exprimons vivement,
& ſans peine. Nous ne fai-
ſons que copier , ou même
que rendre les ſentimens qui
nous affectent. Alors il ne

nous

nous faut employer ni la force de la raifon, ni la fub-tilité de l'efprit. Nous n'a-vons qu'à conferver ce que nous fentons ; & tandis que nos connoiffances éclaire-ront nos fentimens ; tout ce que nous dirons coulera de fource : la nature elle-même parlera par nôtre bouche.

Il fe trouve quelquefois des perfonnes qui ont beau-coup de lumiere & d'intel-ligence ; mais qui ne fçavent point exciter en eux des fen-timens. Ils donnent tout à l'entendement. Ils ne con-noiffent point ce qu'il y a de fin & d'exquis dans les

affections de l'ame; ce qu'il
y a de plus naturel, & de
mieux ressenti dans une passion bien maniée, ne les touche qu'à peine ; tandis que
ceux qui sont accoutumez
à sentir, se trouvent émûs,
penetrez. On voit quelquefois des écrivains, qui ont
d'ailleurs beaucoup d'esprit,
qui sont froids & forcez
dans les ouvrages qui de-
mandent des sentimens.
Comme ils ne sentent rien,
ils ne suivent que leur entendement, ou leur imagi-
nation, qui ne les fait point
entrer dans le naturel. Ainsi
ils n'expriment que de faux

fentimens ; ou bien ils font des raifonnemens hors de faifon, & deviennent pue-rilement Philofophes.

Heureux celui qui fait fen-tir ; plus heureux encore celui qui fait fuivre ces pen-fées qui naiffent naturelle-ment du fentiment qui nous touche. Elles renferment un vrai que le fentiment nous ameine, & dont perfonne ne peut connoître la beauté, s'il ne commence par fentir. Les hommes aiment fi fort à éprouver ces fentimens, qu'ils courent après tout ce qui peut les exciter en eux. Ils y trouvent des charmes fe-

crets. Ce font les fentimens
qui font les délices du Théatre, les charmes de la Poëfie,
& le pathétique de lE'lo-
quence.

Mais il eft d'autant plus
difficile de bien entrer dans
le vrai que nous découvrons
à l'aide de nos fentimens,
que c'eft bien moins l'ouvrage de l'art que de la nature.
Car quoique ce que notre
ame fent, agiffe plus fortement en elle que ce qu'elle
penfe ; néanmoins il y a dans
le fentiment je ne fçais quoi
d'interieur, d'adhérant, fi
j'ofe ainfi dire, & de confus,
qu'il eft difficile d'arracher,

de déveloper , & d'éclair-
cir.

D'ailleurs , quoique l'efprit ait fes jours & fes momens ; le cœur eft bien plus
fujet à notre humeur, à nos
fituations, & à mille autres
chofes qui nous font incon-
nuës. On n'eft pas toûjours
difpofé à fentir , il faut fouvent s'y exciter foi-même ;
mais s'y exciter doucement ;
afin que ce feu qui eft neceffaire pour bien fentir , foit
allumé pour ainfi dire par
la nature.

Si notre cœur eft rempli de
quelque autre paffion; s'il eft,
par exemple, dans la triftefle,

lors que nous voulons exprimer ce que la joye a de plus sensible ; il se refusera à nous. Mais quoique nous ayons dessein d'exprimer , s'il est dans l'indolence , il n'enfantera jamais rien. C'est pourquoi l'état d'indolence est très contraire aux personnes qui parlent par sentiment : & s'il ne leur faut pas de l'agitation & du tumulte ; ils ont besoin du moins de mouvement. Quelquefois même une passion vivement ressentie , peut rendre un homme éloquent & spirituel.

Avoüons ici que le jeu de toutes nos passions est admi-

rable. Et s'il y a de quoi s'é-
tonner comment l'homme
peut former dans son esprit
les idées de toutes choses ;
il n'y a pas de moindre
sujet d'étonnement , qu'un
homme tranquile dans son
cabinet, sente le mouvement
de toutes les passions ; & ma-
nie son cœur comme il lui
plaît. Ensorte qu'il fait parler un ambitieux , un avare,
un prodigue, un jaloux, ou
quelquefois même un hom-
me possedé de toutes ces paf-
sions à la fois ; de maniere
que chacun se dit à soi-même : voilà bien un avare ;
ces sentimens sont bien d'un

F f iiij

ambitieux c'eſt-là le vrai caractere d'un jaloux. Com-
ment le cœur peut-il former
preſque tout de ſuite, les ſentimens les plus compliquez,
& quelquefois même les plus
contraires ? Comment lors
qu'il vient de réſpirer la pitié & la tendreſſe, peut-il
exprimer un moment après,
tout ce qu'ont de plus
fort la haine & la vengean-
ce ? ces ſentimens ne naiſſent
bien ſouvent qu'à demi; d'autre fois ils naiſſent & s'évanoüiſſent preſque auſſi-tôt.
De ſorte que les Puiſſances
de l'ame travaillent également pour enfanter les pre-

miers ; & pour faire renaître les seconds , & les retenir plus long-temps. Enfin c'est au discernement à rejetter ces pensées froides , qui ne sont point des suites naturelles de nos sentimens ; & ces pensées dont nos sentimens sont bien les causes naturelles & occasionnelles ; mais qui n'ont rien qui cause la surprise & le plaisir. Le cœur donne donc de l'esprit comme l'on voit , & avec un peu de lumiere, & beaucoup de sentimens, on peut dire des choses admirables.

Reconnoissons par tout

ce que nous venons de dire,
qu'il faut que toutes les paſſions ſoient comme vivantes
en nous ; puiſque nous entendons tour à tour leur langage ; & que nous ſentons
leurs mouvemens lors qu'un
diſcours naturel nous les repreſente.

Mais qu'entends-je bien
par le naturel ; il ſemble que
les hommes le font dépen-
dre de leur goût, de leurs
mœurs, & de leur tempe-
ramment. Le vrai de pur entendement eſt le même dans
tous les hommes ; mais le
vrai de ſentiment ſe trouve
fort different parmi eux.

Quoique la colere, par exemple, foit naturelle au François & à l'Efpagnol, ils l'expriment tous deux bien dif-
feremment. L'Italien parle
dans fa douleur d'une ma-
niere qui nous paroît pueri-
le : parce qu'outre les mœurs
qu'il a differentes des notres;
il s'abandonne au feu de fon
imagination, laquelle s'arrête
prefque à toutes fortes d'objets. Il dira par exemple, à
la mort d'une perfonne qu'il
aimoit : que *le Soleil n'au-*
ra plus honte de paroître,
depuis que le fien s'eft éclip-
fé. Ou bien , *il priera les*
étoiles de fervir de flambeau

à *ses funerailles* ; il dira aux fontaines de *pleurer à sa mort*, & aux vens *de murmurer & de se plaindre*. Rien ne nous paroît moins naturel que ces paroles : cependant voilà ce que fait l'imagination, lors qu'elle domine sur la raison ; elle lui impose & lui fait recevoir comme vraisemblable, tout ce qu'elle enfante ; pourvû qu'elle sçache l'accomoder, & lui donner quelque espece de raport qui puisse flatter le cœur. L'homme qui est en cet état, aime à se tromper lui-même : c'est pour lui une espece de contentement, que de s'adreſſer aux choſes inanimées, & de les regarder comme ſi elles entroient dans ſa paſſion.

Mais il faut avoüer qu'encore que tout cela ſoit naturel aux perſonnes qui ont l'imagination forte ; ce n'eſt pas ce naturel qu'un habile écrivain doit copier. Il faut qu'il ſçache qu'il n'eſt pas permis de rien donner à l'imagination au préjudice de la raiſon. Il faut imiter un beau naturel, que l'imagination n'emporte point & qui lui donne bien moins qu'à la raiſon & au ſentiment.

Je conviens que ces sen-
timens de l'Italien lui sont
naturels, & ils ont peut-être
tout ce qu'il faut pour plaire à ceux de sa nation ; mais
ils ne pensent pas qu'ils suivent un naturel que leur
imagination emporte ; &
qu'elle leur offre mille fausses images dont-ils se rem-
plissent, & qui leur empê-
chent d'écouter la voix secrette du sentiment, & de
la belle nature.

Les discours les plus na-
turels des Orientaux sont fi-
gurez, pleins d'hyperboles,
d'allegories & de comparai-
sons, qui nous paroissent ex-

traordinaires ; ces difcours font cependant naturels à leur égard : mais ce naturel eft.vicieux. Il faut fuivre ce temperamment parfait, qui fans rendre la raifon trop trifte & trop auftere ; ôte à l'imagination cet empire qu'elle prend, lors qu'on l'abandonne à fon feu.

On veut attraper le vrai de fentiment, mais au lieu de tâcher de fentir on raifonne, ou l'on imagine. Il ne faut pas s'étonner fi on ne le rencontre point. Il en coute bien moins d'imagi. ner que de fentir. Les perfonnes de fentiment font ra-

res. La raison se forme & se
perfectionne par l'étude ; l'i-
magination s'enrichit, se fortifie par les divers objets
qu'on lui presente vivement:
mais le sentiment est un pur
don. C'est l'effet d'un heureux naturel , d'un temperamment délicat, d'un cœur
bien fait , & d'un esprit lu-
mineux & attentif.

Voilà ce que nous avions
a dire sur le vrai de pur entendement, le vrai d'imagination, & le vrai de sentiment. Nous ajoûterons seulement encore, que ces trois
facultez de notre ame ont
tant de differens degrez de
force

force & de foiblesse, qu'ils peuvent avec elles être combinez à l'infini. Ainsi il ne faut pas s'étonner s'il ne se rencontre jamais deux personnes qui ayent precisément l'entendement, l'imagination, & le sentiment , en un même degré de force & d'étenduë, & qu'on voye autant de difference dans les esprits que dans les visages.

Nous ajoûterons enfin que l'imagination & le sentiment nous font découvrir dans certaines rencontres, un vrai où il semble que l'entendement n'ait point eu de part. Ce vrai est celui que nous découvrons quelquefois en voyant l'air, la phisionomie d'une personne ; ou celui que nous devons à nos pressentimens. Il y a encore mille autres choses qu'on pénetre quelquefois en un instant, sans qu'on s'aperçoive du progrez ni du travail de la raison ; & c'est ce qu'on peut apeller la sagacité de l'esprit.

Mais il faut avoüer qu'en toutes ces rencontres, nous prenons bien souvent l'aparence du vrai pour le vrai même ; & que nous ne devons jamais asseoir aucun jugement, que dans les choses dont notre entendement nous fait voir la certitude. Cependant la plûpart des hommes peu acoutumez à uſer du pur raiſonnement, ne veulent gueres juger des choſes que par le ſentiment & l'imagination. Le peuple croit que les bêtes raiſonnent; & il le croit par imagination : parce qu'il leur voit faire la plûpart des choſes que font les hommes. Il y a des perſonnes à qui il ne faut prouver les choſes que par ſentiment. Si l'on veut leur démontrer l'exiſtence de Dieu ; ils ſeront bien plus convaincus par le ſentiment qu'ils en auront

G g ij

à la vûë d'une grande éclip-
se, ou au bruit épouvantable
du tonnere, que par des preuves Métaphisiques , quoi-
qu'infiniment plus éviden-
tes.

Il y a tant de choses à
dire au sujet de l'esprit, qu'il
faut convenir que cette matiere est inépuisable. Mais
nous nous contenterons de
ce que nous en avons dit jusqu'ici Nous l'avons établi sur
le vrai, & toutes les nations
du monde doivent convenir
de ce principe. Si cela est ,
pourra-t'on le faire consister
dans les équivoques ,, dans
les jeux de paroles : au con-

traire, ne femble-t'il pas que
rien n'eft plus opofé au vrai
que toutes ces chofes. On
veut furprendre agréable-
ment l'efprit ; mais dans toutes ces pointes on n'eft furpris que des mots, & non du
vrai. Les traits les plus bril-
lans de l'imagination, quelque plaifir qu'ils nous cau-
fent s'ils ne font fondez fur
la raifon, rejettons les à l'inftant. C'eft le moyen de voir
regner toûjours le bon efprit : parce que le vrai ne
change jamais , & que fa
beauté ne dépend point de
ces agrémens de fantaifie fur
lefquels fe fonde le faux bel
efprit.

C'eſt le vrai qui nous donnera l'idée du beau, & qui
nous fera toûjours ſuivre cette convenance qui eſt la ſource de toute bonté, & de toute perfection. Les bons Au-
teurs peuvent contribuer à
nous y entretenir; mais rien
ne ſeroit plus capable de faire
regner le bon goût; qu'un
grand Roi qui par l'amour
qu'il auroit pour le vrai, con-
ſerveroit toûjours en lui, l'i-
dée qu'il ſe ſeroit faite de la
véritable beauté de l'eſprit.

F I N.

TABLE

DES

PRINCIPALES MATIERES.

A.

ACTIONS. C'est être bien dupe que de faire dépendre du jugement des hommes tout le prix de ses actions. 202. Effets que produit en nous la vûë d'une action véritablement grande, 214. Il n'est pas bon d'imiter en toutes rencontres les belles actions des grands hommes ; & pourquoi. 229.

Admiration. On ne peut acquerir de la gloire, qu'en s'attirant l'amour & l'admiration des hommes. 66.

pour s'entretenir dans le grand,
que de penser aux vertus de ses
Ayeux. 237. Comment il doit y
penser. *idem.* Avoir de grands Rois
pour Ayeux, c'est être chargé de
donner au monde une image vivante de leurs vertus.   238.

B.

Bon. Un bon Roi est comme
Dieu, qui ne cesse d'être bon
lors même qu'il exerce sa justice. 12. Les Payens donnerent à
Jupiter le nom de tres-Bon, avant
que de lui donner celui de tres-
Grand ; & pourquoi. 15. Difference de l'idée d'un bon Roi à
celle de Conquerant. 16. Un bon
Roi regarde son Royaume comme une seule Famille dont il est
le Chef. 26. Les interêts d'un
bon Roi & ceux de ses peuples
sont les mêmes. 28. Un Roi peut
donner des marques de sa bonté
à toute heure. 33. Un bon Roi

H h

H h ij

de plus dangereux flateurs que nous - mêmes. 161. Nous avons tous un endroit qui nous eft cher, par où nous nous laiffons furprendre aux Flateurs. 163

G,

L

H h iiij

Fin de la Table des Matieres.